メタ認知と 読解方略

～説明文教材の読解指導を中心として～

片岡 実
KATAOKA Minoru

溪水社

はじめに

　この著書の目的は，現在学校現場で行われる問題解決型の学習の中に，知識の習得だけに留まらないメタ認知機能の伸長を図るための指導を取り入れた読解指導を構築することである。

　清川・犬塚（2003）は，モニター役を設定することで，読解過程中に一人で行われる内的なメタ認知活動を外化することにより，指導の経過に伴って理解が深まることから，読解内容を整理したり要旨を掴んだりすることに，メタ認知が有効に機能することを明らかにした。しかし，対象となった生徒は1名であり，その学業成績は学校内の位置で上位4分の1程度であることや読解過程に関する知識の指導時間が1単位時間のみであったことから，メタ認知活動を外化する指導の有効性を詳細に検討する必要があると考えた。

　そこで本著書では，McNamara et al.（2007）が作成した読解方略使用モデルをもとに，生徒に読解方略（①読むための準備をすること，②文章中の単語・文・情報を解釈すること，③文章を組織化・再構造化・統合すること）を精緻化するための指導を行う。本研究では，指導の際に読解方略とメタ認知の獲得の過程を段階的に進めることによって，生徒の読解力が向上するかどうかを検討した。

目　　次

メタ認知と読解方略

第 1 章
問題の所在と研究の目的

1.1. 問題の所在

1.1.1. メタ認知の必要性（メタ認知知識，モニタリング，コントロールの関係）

　Flavell（1971）が「メタ記憶」という概念を提唱してから（岡本 2012，p.131）約50年が経過したが，現在もメタ認知と学習の関係性に関する研究は盛んに行われている。

　学習の自己調整については，「学習における学習者の積極的役割，すなわち「内発的動機づけ」が重視されており，効果的学習が起こるためには，学習者は自分自身の学習について自己管理・自己統制を行わなければならないと考えている。学習者はこの責任を果たすために，適切なメタ認知的・認知的・情緒的（動機づけ）方略を積極的に用いる技能・能力をもち，しかもそれを自発的に用いるように動機づけられねばならない（辰野 1997，p.150）。」が，峰本（2014）は「実際の国語科の授業で，メタ認知の観点を踏まえたものはなかなか見出せないと言える」と述べている。

　確かに，小・中学校で行われている国語科の学習指導は，文中の指示語が指す言葉を見つけることや，教師の発問に対し問われた教材文の前後を読むことでその解答を探すことのできる学習が多く，メタ認知の活性化が図られにくい可能性がある。ひいてはそれが，中学校に入学して後の，学習に対する無気力につながり，学力格差を生む要因になっているのではないだろうか。また，前に述べたような学習方法が適切なものであると児童・

生徒の中で意識化されると，「文の前後を読めば答えを見つけることができる」という文章を理解する方法のみを記憶し，その方法ばかりを使用することにつながる。更に，教師の中にも，そのような読解法を指導することが正しい文章理解の方法であると認識している者もある。この文章読解の方法が児童・生徒の既有知識となり，文章を読む際には文の前後関係のみに着目するという生徒の行動につながってしまうと推察することができる。

　文の前後関係を着目する学習方法は「問われている文の近くから答えとなる文章を探す」という行為であり，作者の意図や問題出題者の意図を汲むものとなっていない。文章から感じられる著者の意図や意識を読み解くことは，読者である自分との対話であり，これがメタ認知を使った学習となるはずである。

　しかし，そのような学習方法が用いられないために，田近（2014）の言う「個としての「わたし」というものの状況への埋没，これが今，私たちの直面している現実である」という認識が生じることになるのであろう。受験学力のみに偏った学習がもたらす影響は，学力格差を更に広げることになる。また，高等学校で学習内容を理解することのできない生徒の増加も生んでいるのではないだろうか。

　以上のような理由ことから，メタ認知の育成を図っていく学習指導を行わなければならないと考えた。

1.1.2. メタ認知と学習

　三宮（2008）は，図1に示したように，メタ認知の構成要素をメタ認知的知識とメタ認知的活動からなるととらえている。メタ認知的知識とメタ認知的活動が学習に及ぼす効果については，これまで多くの研究がなされている。例えば，メタ認知知識について，岡本，北尾（1991）は，小学校第5学年の児童を対象に行った一般学習活動と算数学習に対するメタ認知知識を測定した研究の結果，メタ認知知識の高い子どもは，算数や読解などの学習文脈固有のメタ認知知識を持っていることを明らかにしている。

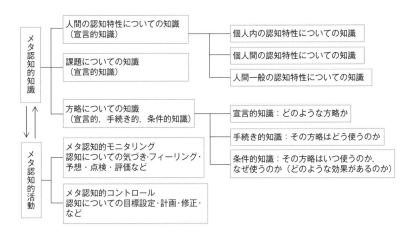

図1．メタ認知の分類（三宮，2008）

このことから，メタ認知知識が実験によって確認された一般学習活動や算数学習の学習効果に影響を与えていると考えることができる。

　Swanson（1990）は，Kreutzer et al.（1975）やMyers & Paris（1978）が用いたインタビュー項目を整理して，17項目からなる一般的メタ認知知識を測定するための小学生用インタビュー項目を作成した。その上で，小学校5年生の児童を対象として，一般的メタ認知知識と知能が科学的問題解決にどのような影響を及ぼしているのかを検討している。その結果，知能は平均レベルよりも低いが，メタ認知知識は平均レベルよりも高いグループは，知能もメタ認知知識もどちらも平均レベルよりも高いグループと同程度の問題解決成績を示した。このことは，科学的問題解決には，メタ認知知識の活用が重要な要因となっていることを示している。さらに，学習内容の理解促進のためにもメタ認知知識の活用が有効であることが示唆されよう。

　一方，メタ認知モニタリングについても，いくつかの研究が見られる。August, Flavell,& Clift（1984）は，5年生を読解能力の高い子どもと低い子どもに分け，文を途中で削除して意味が通らないようにしておいたテキ

スト文を読ませて，その読み時間を測定した。その結果，読解能力の高い子どもは，低い子どもに比べて，文が削除された箇所での読み時間と読み返す行動が増加することを明らかにした。このことは，読解力の高い子どもが，自分の理解状態をモニタリングしていたことを示唆する。また，Kinnunen, Vauras,& Niemi（1998）は，小学校１年生の児童でも，文中に矛盾や文法的な誤りが含まれている場合には読み時間が増加することを明らかにしており，メタ認知的モニタリングが小学校１年生でも可能で，有効であることを示している。この読み返しの行為は，三宮（2008）のメタ認知分類に基づけば，メタ認知的モニタリングの予想，点検，評価などの行う認知方略を使っていると考えられる。これらのことから，読解能力の高い子どもは，このような，メタ認知モニタリングをはたらかせながら文を読み進めていると推測することができる。

　言いかえれば，学習内容の理解を促進する上で，メタ認知機能を身につけ，活用させることが重要と考えることができるのである。

1.1.3.　読解とメタ認知

　メタ認知の効果については，読解の場面においても有効に機能することが先行研究の中で述べられている。例えば峰本(2014)は，秋田(2008)の「読解におけるメタ認知とは自己の読解過程を省察し，学習者としての自己，課題，方略に関わる知識と，計画，チェック，評価，困難を改善修正していく行為を指すと」定義している。文を引用し，「学習者が読解力を伸長させるためには，学習者が自分自身の読解過程を意識して，自らをコントロールするメタ認知を働かせることが必要である」と述べた。

　舘岡ほか（2001）は，「文章理解において質問することは，理解の評価やコントロールなど，読み手に理解のモニタリングを促す効果があること」を突き止めている。　すなわち，全ての国民が教育を受ける年齢である義務教育段階のうちに学校現場の授業で，メタ認知機能の伸長を図る学習指導を目的的に行っていくことが子どもたちの読解力を高めることに結び付くのである。

1.1.4.　従来の読解におけるメタ認知訓練の研究と問題点

　では，メタ認知機能の伸長を図る学習指導の在り方として，文章に書かれたことを理解する上でどのように指導することが重要なのだろうか。犬塚（2002）は，その方法である読解方略を，「要点把握方略」「構造注目方略」「意味明確化方略」「既有知識活用方略」「記憶方略」「モニタリング方略」「コントロール方略」の７カテゴリーに分類した。また，因子分析によって図２が示すように３因子の読解方略を抽出している。犬塚（2002）がまとめた因子は，第１因子が「内容学習方略」，第２因子が「部分理解方略」，第３因子が「理解深化方略」である。

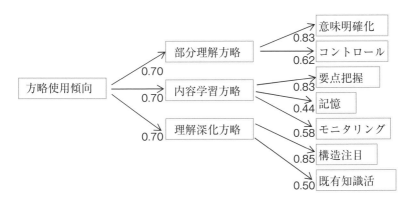

図２．読解方略の構造３因子モデル（犬塚，2002）

　清川・犬塚（2003）は，この読解方略のモデルを利用して説明文を要約する協同学習の場面を設定し，授業を行っている。その際，文章の理解に用いるメタ認知機能を「対象レベル」と「メタレベル」に分け，読解の学習中に一人でおこなわれる内的な活動を，課題に直接関わる「対象レベル」の活動と，その活動を評価吟味する「メタレベル」の活動として位置づけ，個人内で行われる内的な思考を外化することができるようにしている。その際に，対象レベルに該当する役割を担当する者が「課題遂行役」となり文章を要約する。一方，メタレベルの「モニター役」は「課題遂行役」が

読み取ったことに関する質問をする。「課題遂行役」と「モニター役」を教師と生徒が交互に行っていく（相互教授法）中で，課題遂行役とモニター役が果たす内的な処理について生徒が理解することがこの授業の目的である。

　また，やり取りの中で生じる「メタ認知的モニタリング」の働きについては，モニター役をするもう一人の教師が学習の評価をし，それを生徒が見聞きするという活動を通じて行われる。学習状況のアドバイスを教師が行うことによって，文中のおかしな部分や不明確な部分をモニターする力を生徒が見て理解し，その過程をくぐることによって生徒の力となるのである。

　このような方法を用いて学習した授業の成果を，学習者である生徒の要約を分析することで評価した清川・犬塚（2003）は，「学習前よりも文の要点について注目できるようになったこと，文の構造にも目を向けることができるようになったこと等から，読解のパフォーマンスが向上した」と結論付けている。

　さらに清川・犬塚（2003）は考察の中で，「読解処理を個人間の相互作用という形で外化したものであったことから，指導の経過に伴って理解が深まったと解釈している。加えて，客観的な立場からのやり取りを捉え，活動内容を即時的に客観的なフィードバックを与えることが可能な評価役を設定したことによって，生徒の活動のよい点，改善すべき点が明確になったと考え，読解時における内容を整理したりすることや要旨を掴んだりすることにおいては，メタ認知が有効に機能していた」と述べた。

　しかし，清川・犬塚（2003）は，「今回の指導では，学習者1人に対して指導者が2人という形態が用いられたことからコストが高い」と判断している。より実践的な形態とするための改善案としては，「1人の指導者が複数の学習者のやりとりを組織化するという形態」や「比較的熟達した学習者を指導者的な役割に置くなど」の工夫が必要になるのではないかと思われる」と振り返っている。

　McNamara & Lawrence（2007）は，文章理解における読み手のメタ認

知的な活動を重視した包括的な理論モデルとして，読解方略の理解が深まっていく過程を図3のように示している。これは，読む準備のための方略，文章中の単語・文・情報を解釈するための方略，文章を組織化・再構造化・統合，文章に書かれていることを超えた理解のための方略の4つの方略それぞれが影響し合って，理解のための方略が意識的・無意識的に利用されることを示したものである。

　しかし，私の教師経験から考えると，この方略を必要なときに使用することができる児童生徒は，読解力の優れた子どもであることから，このモデルを説明文読解する際に授業方法として取り入れることは難しいと考えた。

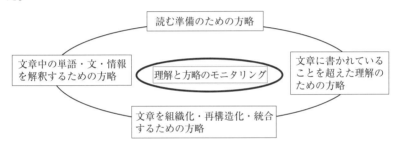

図3．文章理解の包括的な理論モデル（McNamara & Lawrence, 2007）

　そこで，McNamara（2007）が考案した文章理解における読み手のメタ認知的な活動を重視したより包括的な理論モデル（図3）を基にして，メタ認知機能の未発達な児童・生徒が読解時に使用することができると思われる，文章理解におけるメタ認知活動獲得の段階性を重視した新たな読解方略使用モデル（図4）を作成した。この図の中に用いた数は，読解方略の進展を意味するものであり，読解方略の理解と使用が①→②→③→④の順で高まっていくであろうことを想定し，一般的な小学校の授業の流れや私の教師経験，そして現行の学習指導要領国語科の内容からこの流れを構想したものである。

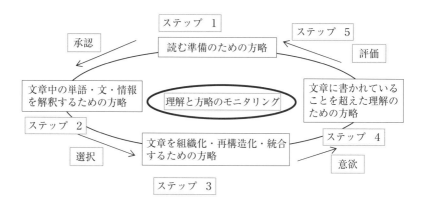

図4． 文章理解におけるメタ認知活動獲得の段階性を重視した新たな読解方略使用モデル

　この図を基に，学校現場の通常学級担任が国語科学習において指導している思われる指導方法や指導内容を考えた上で，本研究で指導したい学習方法について検討することとした。

　まず，読むための準備の指導として学校現場で行っていると考えられることについて述べる。例えば指導には，文の題についての知識や興味・関心・知っていることについての確認をする。しかし，文章を読むときにどのような読み方をしているかについての確認は行わないケースが多い。そのために，読み方の実態を把握しているとは言い難い。

　次に，文章中の単語・文・情報を解釈するための方略として学校現場で指導していると考えられることについて述べる。例えば，意味のわからない言葉や聞いたことのない言葉の確認をすることや，段落の始めにつなぎ言葉（接続詞）がある場合の扱い方を確認する。しかし，教科書内の単元の数と各単元の内容を理解することに用いる配当時間，子どもたちの学力のバランスから，段落内にある重要語句を文章から見つけることや，文の題と関係のある言葉や，主語が省略されているときの対応の仕方等について詳しく指導する時間が設けにくい実態がある。

　最後に，文章を組織化・再構造化・統合するための方略として学校で指

導していると考えられることについて述べる。各段落同士のつながりが分かるように主語と述語の関係を確認している。しかし，子どもたちが容易に理解することができることから，段落の最初の一文と最後の一文に注意して読んでいくという方法を指導することが多い。

　以上のことから，田近（2014）の主張する「子どもたちが，作品の部分的細部・展開・ストーリー・仕組みを読む」こととはかけ離れた文章の理解を行うことになると考えた。また，国語科の教科用図書の構成についても学習指導要領に準拠しているために，学年が上がるにつれて指導目標が内容の理解から要旨の理解へ，更に文章の構造の理解へと高くなる。小学校高学年になると，自分の生活と内容を比較したり，作者の論旨の意図を理解したりする目標へと学習目標が設定されている。しかし，実際に子どもたちの付けている力と指導目標には開きがあり，全ての子どもが学習目標を達成することができているとは考えにくい。勿論，学習の展開には，児童生徒に対する発達段階に応じた読解方略の指導や，児童生徒の発言内容や学習に関する好意を重視する学習の展開，児童生徒の自己価値を高める理解過程を構成することが必要であるが，実際の学校現場では1人の教師が授業を行っていることが多く，個々の子どもの持つ実態に対し，それらに応じた学習指導を用意することはかなり難しいことである。

　このような課題を考慮し，本研究で指導していきたい学習方法ついて検討した結果，図4に示した「メタ認知活動獲得の段階性を重視した新たな読解方略使用モデル」を作成し，学習指導を展開することとした。

　教師と生徒の双方向で質問・説明などをする活動を設定することによって動機づけを高めることで，メタ認知活動の活性化と読解方略の使用が促される。その結果，児童生徒の読解力が高まるのではないだろうかと考えた。実際の学習の場では，教師の役割として児童生徒の学習意欲を後押しするために適切な評価をすることを行う。そのことによっても児童生徒の学習意欲が高められるのではないだろうか推察した。それは，生徒の学習内容理解の程度に大きく影響するであろうと思われた。

1.2. 研究の目的

　本研究は，三宮（2008）の「メタ認知的モニタリングとメタ認知的コントロールの関係が循環的に機能している」という考えを用い，メタ認知獲得のためのステップや読解解法略指導の手だてを構築することとした。また，「メタ認知を育成する指導法で重要なことは，教師がメタ認知的方略モデルとしての学習方法を生徒に示し，教師と生徒が質問を交わしながら，徐々に生徒がその方略を獲得していくプロセス」であると考えた。

　本研究では，読解方略を指導するために，McNamara & Lawrence（2007）が考案した文章理解における読み手のメタ認知的な活動を重視したより包括的な理論モデル（図3）に基づき作成した，メタ認知機能の未発達な児童生徒が読解時に使用することができると思われる文章理解におけるメタ認知活動獲得の段階性を重視した新たな読解方略使用モデル（図4）を用い，学習指導を工夫し，生徒の読解力向上について確認を行う。

第2章
研究1「モニタリングの段階を
視覚化する手法を用いて」

2.1. 目的

　読解方略の段階的な指導と肯定的な評価が，メタ認知の使用と読解力の向上に及ぼす効果について検討することを目的とする。

2.2. 方法

対象者：広島県内の中学生　8名（第2学年　男子5　女子3名）である。
教　材：光村図書　国語科中学校2年教科書（平成14年－平成17年使用）西江雅之著「伝え合い」を読解の教材として用いた。

　メタ認知訓練指導について：メタ認知訓練で用いたメタ認知獲得段階を表1に示した。研究1においては，表1が示す流れで生徒の理解が進んでいくと考えた。それは，1読解方略を知り，教師と生徒でビデオ映像を使ってモニタリングをする段階，2読解法略を理解し，モニタリングを生徒同士のペアで行い，ビデオ映像を使って方略の内化を行う段階，3読解方略を自ら使用し，モニタリングを生徒1人でビデオ映像を使って行う段階，4読解方略を自ら使用し，モニタリングを教師と生徒で学習ガイドを使って行なう段階，5読解方略を使って読み深め，モニタリングを生徒で学習ガイドを使って行う段階，である。（表1内の○印の番号は指導する単位時間を示す。指導は教師が読解の仕方を段階的に生徒に示し，生徒はそれを観察することで読解方略を用いることができるようになると想定した。）

表1．メタ認知獲得の段階を具体化する授業方法の段階

メタ獲得段階	児童の学習目的	使用方略（図1の番号）	モニタリング
ステップ1	読解方略を知る	ビデオの利用（①・②）	生徒と教師で学習
ステップ2	読解方略を理解する	ビデオの利用（①・②）	生徒2人で学習
ステップ3	読解方略を使用する	ビデオの利用（①・②）	生徒1人で学習
ステップ4	読解方略を高める	学習ガイドの利用（③）	生徒と教師で学習
ステップ5	読解方略で読み深める	学習ガイドの利用（③）	生徒1人で学習

※〇印の番号は指導する単位時間を示す。指導は教師が読解の仕方を段階的に生徒に示し，生徒はそれを観察することで読解方略の方法を理解することができるようにした。

　このような指導は，学校現場における国語科読解の教材内容を学習の習得状況に差のある生徒が，より深く理解することができるように指導するために段階を設定したものである。ステップ1からステップ5までの段階を設定することで，文章を理解する力である読解力の向上とメタ認知能力を高めることが円滑に進むことができると考えた。

　ステップ1は，方略そのものを理解するために設定した段階である。前に述べたように，現在の学校の学習指導の時間には学習内容を示すシラバスを見る限りにおいて，読解方略の指導が設定されていないケースが多いと思われる。例えば教科書教材には，単元内にプレ教材を学習した後に本教材を使って読み深める学習を進めるように設定されているものもあるが，前後の教材の指導が同じような指導計画と学習のめあてを使い，繰り返しの形で学習が展開されることが多い。そのため，生徒による積極的な読解方略とメタ認知の効果的な使用が促されにくい。そこで，ステップ1は教師が行う課題遂行役としての読み取りの仕方を生徒が観察することで，それを観察した生徒が真似することができるようになることを学習の目的と設定した。さらに教師と役割を交代した生徒は，課題遂行役として内容を説明文に書かれた内容を理解する力を高める学習を行うようにした。この学習が生徒の中で再構成されるように，読解している生徒の様子をビデオで撮影し，ステップ1の学習後に生徒がその映像を見る時間を設

定した。これは，映像に映った教師を客観的に見ることでメタ認知の活性化を促すことに役立つと考えたからである。

　ステップ 2 は，生徒同士による学び合いによって，方略の理解が更に進むようにすることを目的に設定した段階である。研究成果を学校現場で生かすには，学習の場面を学級での指導と想定する必要がある。そのためには，多くの生徒と 1 人の教師が学習の場にいることを想定しなければならない。そこで，読解の方法がある程度理解できた生徒には，生徒同士による協働学習をする場を設定することによって，さらに学習内容の理解が進んでいくようにした。

　ステップ 3 は，生徒 1 人で学習をすることでメタ認知の使用を高め，客観的に自分の状態を観察する力を養うことができるようになることを目的に設定した段階である。この時に，教師が適切に，且つ肯定的に生徒の学習の様子を評価することによって，生徒自らが自分の力で理解することができたという自己肯定感が増せば，より学習に対する意欲が向上するのではないかという理由からこの方法を採用することにした。

　ステップ 4 では，生徒の更なる読解方略とメタ認知の使用を高め，文章の要旨を理解すること，文章の構造を理解すること，文章に書かれた内容と自分の生活とを比較したり，作者の意図を汲んだりする学習へと高めていく段階である。その際に，学習の手引きを使用して生徒自身の力で学習する力を伸ばし，その成果を実感することで，更にメタ認知の使用を高めていきたい。

　尚，発達段階や学習指導要領記載の内容，指導時間数等を考慮し，本研究の学習活動では，ステップ 5 の文章に書かれていることを超えた理解の段階のうち，①読んだことをもとにして，リーフレット作りや感想文の記述等，文章を書く学習や，②自分で読みのめあてをつくり読解方略を使って，該当学年の教科書または，1 学年上の教科書を理解する指導は扱わないこととした。さらに，前に述べた清川・犬塚（2003）が行った手法である，教師と生徒の対話について評価を行う教師役は設定しないこととした。

表2．学習のステップと学習の内容

ステップ	指導項目	学習内容（○印は教師の指導内容，・印は生徒の活動）
ステップ1	読解方略を知り，教師と児童でビデオを使ってモニタリングをする段階	○1文毎の内容を捉えるために，教師は学習の手引きを使い，次の内容を指導する。（題名に関する疑問，見通しや目的意識等の解決すべき課題を確認し，意欲を高める。生徒の読み取り方略知識や使用を教師が確認をする。） ・言葉の意味を教師に説明する。（第1段落） ・分からない言葉や指示語，接続語などに着目し，辞書を使って調べる。 ○読解（課題遂行）とモニタリング（モニター役）の仕方を指導する。（第2段落） ・課題遂行役がどのように読み取れば良いかを理解する。 ・教師のモニタリング役としての質問内容を生徒が理解する。 ・3段落の文意がわかるかわからないかを確認する。主語と述語の関係を理解する。 ・日本語の文章で大切な部分は，一文中の最初と最後の部分であることを確認する。 ・段落毎に課題遂行役とモニタリング役を交代し読み進める。（5段落程度まで） ○読解の様子をビデオで撮影し，客観的に生徒がその様子を観察することができるようにしておく。ステップ1の学習後映像を見る。振り返りを教師と一緒にする。
ステップ2	読解方略を理解し，生徒2人でビデオを使ってモニタリングをする段階	・授業はステップ1の③と④の学習を生徒同士で行う。（10段落程度まで）
ステップ3	読解方略を理解し，生徒1人でビデオを使ってモニタリングをする段階	・授業はステップ1の③と④の学習を生徒同士で行う。（15段落程度まで）
ステップ4	読解方略を使用し，モニタリングを教師と生徒で学習ガイドを使って行う段階	○教師の励まし（教師の絶対評価，準備段階のときの読みとの違い）を生徒に伝え，生徒が伸びを感じることができるようにする。 ○生徒が理解したことを組織化・再構造化・統合化し，文章の理解を更に深める。 ・肯定的自己の確立のために生徒自身が自ら読みの変化を振り返る。 ○これまでの生徒の読みと現在の読みを比較し，よくなった点を生徒に伝える。 ・自己の確立のために生徒自身も省察する。 ○教師は，段落同士の関係に気づくことができるように生徒に説明する
ステップ5	読み深める。モニタリングは生徒が学習ガイドを使って行う段階	○理解したことを比較する段階と文章を組織化・再構造化・統合化し，文章に書かれていることを超えた理解をする。（同時に次のことができるようになる段階）

　次に，読解方略と主要発問の関係について述べる。前述の学習ステップを有効に機能させるには，生徒との円滑な対話を生んでいく必要がある。加えて，学習のねらいを達成するために教師は，学習の流れをつくるための主要発問と補助の発問を考え授業に望む。そこで本研究では表3に示したように，読解方略を内化するための発問を検討し，各ステップで学習の中で生徒に投げかけることとした。

表3．学習時に教師が用いる読解方略使用と内化の為の発問及び児童・生徒の反応

読解方略	方略使用と内化の為の発問 （○内の番号は更に細かいステップ）	生徒の反応と 困惑状態の想定	困り感への対応
ステップ1 読む準備の ための方略	「この文章の題について知っていることはありませんか。」 「文章を読むときどのようにして読んでいますか。」 「この文章の題名を聞いて何か思うことがありますか。」 「1文ずつ読んでいき，わかったことを確認しましょう。」	・知っていることがない。 ・事実と異なる理解をしている。 ・興味がない。	・視覚情報を提示する。 ・読んでいく間に事実を確認する。 ・理由を聞いていくことで実態を把握する。
ステップ2 文章中の単語・文を解釈する方略	①主語を意識する段階 「文の主語を見つけながら，ゆっくり読んでみましょう。」 「文章の題と関係のある主語がどれか考えてみよう。」（主語に○を書き込む。） 「説明文の場合，主語が省略されていることがあります。」 「主語（筆者）が伝えようとしていることがらは述語を見つけると文章がよく理解できるようになります。この文の述語はどれかな。」 （述語に●を書き込む。） ②わからない言葉を意識する段階 「この段落の中で，読むことができない文字や意味のわからない言葉や聞いたことのない言葉はありますか。」 （意味のわからない言葉に×を書き込む） ③大切な言葉を意識する段階 「文の中で大切な言葉を見つけてみよう。その段落の主語を説明するための言葉があるはずです。」	・一文内の主語や述語が見つけられない。 ・わからない言葉や読むことが出来ない言葉がある。	・簡単な文章を用い，絵や動作と文の主語・述語の関係を説明する。 ・その解釈を教師が文中の語句を使って説明する。 ・辞書を引くことを勧める。 ・前の文からもう1度読み返そう。

	④大切な接続詞を意識する段階 「接続詞（文のはじめに書いてあり，前の文とその文を結ぶはたらきのある言葉）があるかな。」 「指示語（前の文にある言葉を示す別の言葉）が書いてあるかな。」 「前後の文の関係を考えよう。」 ⑤文の意味を意識する段階 「辞書で言葉の意味を調べても，何が書いてあるかわからない部分はないですか。」 「前の文や段落に書いてあったことを頭におきながら次の文を読んでいるかな。」	・主語との関係が見つけにくい。	何回か繰り返し読もう。
ステップ3 文章中の情報を解釈するための方略	①段落毎の内容を理解する段階 「段落のはじめにつなぎ言葉（接続詞）がある場合には特に気をつけておこう。そこから内容がかわることがあります。」 （接続詞に□を書き込む。） 「この段落の文章を理解する時，大切な言葉や関係のある言葉を文章から見つけてみよう。述語を意識して考えていくといいね。」 ②内容を要約する段階 「それぞれの段落の大切な言葉，関係のある言葉だと考えたものを使って，その文の内容を短くまとめてみましょう。」 「その段落の主語をもとにして，前に選んだ言葉を並べていくと要約文ができます。」 「できた文をつぶやき読みで読んでみましょう。意味を理解することができればよいのです。」 「要約をするときに特に重要な言葉は，それぞれの段落の最初の一文か最後の一文の中にあることが多いです。」 （重要語句にラインを書き込む。） ③要約文を吟味する段階 「要約した文章を書いてみましょう。何回か読んでわかりにくいところを見つけてみましょう。」 「先生や友だち聞いてもらってわかりにくいところがないか質問しよう。」 「くっつきの言葉やつなぎの言葉に注意して読んでみましょう。」		・ステップ2に戻って考えよう。 ・内容が変化する場合と同じ場合があります。 ・大切な言葉を決めるには，各段落のはじめに書いてある主語を説明する言葉を見つけることです。

18

| ステップ4
文章を組織化・再構造化・統合するための方略 | 「各段落で特に伝えたい事柄を見つけ，線を引いた後に，その段落の文章に短い言葉で題をつけてみよう。」
「1段落から順々に次の段落に移っていくときに，同じ内容になっている場合は「同」を，異なる内容になっている場合は「異」を，説明を加えているような場合は「説」を文中に書き込む。（こうすることで文章のつながりを理解することができます。）
「その違いを，接続詞を使って説明すると文章の内容がよくわかるね。」
「文章を要約するときには，どの接続詞でつなぐと文がよくわかるようになるかな。」
「各段落の主張の違いや変化をまとめてみましょう。」 | ・文にふさわしい題をつけることができない。
・同じ内容か違う内容か判断できない。 | ・印をつけた言葉に着目することができるように言葉かけをする。

・各段落を→でつなぐために記述方法を検討する。 |

　以上のようなステップを授業場面で展開するために，本研究授業の指導目標及び評価方法を表4のように考えた。これは，教科書教材の内容とメタ認知機能の活性化及び読解方略の理解促進を教師が意識して授業を行うことができるようにするための方策である。

表4．指導目標及び評価方法

小単元	●学習内容	評価観点	○評価方法（評価方法）
一「旅人からの便り」（「伝え合い」）（6）	●「伝え合い」を前半部分と後半部分に分け，アフリカの奥地の出来事と現代的な都会の特徴について書いてあることをつかむことができる。 ●自分の力だけで文を読み，作者の考え方について書いてある部分を確認することができる。 ●わからない言葉や文があることに気づき，意味を調べることでその問題が解決できることを確認することができる。	関心理解	○読解方略の状況や理解の程度について確認する。 （読解テスト） ○作家の仕事や現地の様子を写真で見ることから，自分でどの程度理解することができそうか，イメージを持つ。 （要約文を作成する。） ○メタ認知の状況を測定する。 （吉野2008メタ認知尺度） （佐藤・新井1998学習方略尺度）
	●第2段落までを読み，ソマリアの奥地で出会った人たちの忽然とした登場の仕方や服装，体つきなどから，現地の人たちの暮らしについての理解を広げると共に，そこ	理解技能思考	○通常であれば恐ろしいと感じる原住民との出会いが，作者にとってはとても自然な出来事であると感じたことを理解することができているか確認する。

	で起きた出来事から作者が考えたことについての見解を要約することができる。（手本を見る。）●「しかし」という接続詞のはたらきで前後の内容が変化していることを知る。		○接続詞「しかし」の文章上の役割を説明することができるか確認する。
	●第６段落までを読み，現地での重要な役割のある食料としての「羊」の存在の大きさに気付くと共に，日本というところでの「羊」に対するとらえ方の違いから，誤解が生じてしまったことの意味について考えることができる。	理解 技能 思考	○日本では，羊を食料として認識することができにくい状況がある。その結果，物事を深く考えることなく，「羊がいない。」と返事してしまったことから誤解を与えてしまったことについて，意見を話すことができるか確かめる。
	●第10段落までを読み，現代的な都会のナイロビなどの生活の状況について知ると共に，大都会での話が通じるが故の誤解について考え，内容を要約することができる。	理解 技能 思考	○文章の内容を捉える方略を理解したことを確認する。（行動観察，発言，要約文作成）
	●第12段落までを読み，慣習の違いによって誤解が生じてしまうことについて作者が感じたことを深めることができる。	思考	○読解方略を使って慣習の違いが人間の行動や評価に影響してしまう事実を読み取り，要約することができるか確認する。
	●第14段落までを読み，これまでの学習のまとめとして，各段落の内容を要約することができる。●言葉が，解釈の仕方や文化によって異なるものととらえられてしまう世の中であり，単純に見えることがらも，複雑な関係の中に成り立っているという考え方を知ることができる。	思考 理解	○言葉が解釈の仕方や文化によって異なるものととらえられてしまう世の中であり，単純に見えることがらも，複雑な関係の中に成り立っているという考え方を要約して述べることができるか確認する。（要約文の作成，発言，ノート）
二「旅人からの便り」の中の「写真ごっこ」(4)	●登場人物と場面の状況をとらえることができる。●前半と後半に分け，意味のわからない言葉や理解できにくい文章を意識することができる。●作者の人柄をとらえるために使う言葉の中で意味のわからない言葉を辞書で調べることができる。	理解	○アフリカの子どもたちがカメラの前で豊かな表情や仕草，自由奔放で自己流の生き生きとした踊りの表現をしていることを理解することができるか確認する。○そんな温かな表現とは対照的に，裏町に入っていくとそれとはまったく異なる表情を見せることを理解することができるか確認する。（ノート）
	●文章の内容について，場面を前半と後半の作者の主張を要旨しまとめることができる。	理解	○自由奔放で生き生きとした表情とは裏腹に，裏町に入っていくとそれとはまったく異なる闇の部分が存在することを感じた作者の考えをまとめることができるか確認する。（行動観察，発言）
	●現地の子どもたちや人びとの状況を理解し，自分と異なる立場の人が世の中にはいることや外部に人たちの影響によってそのような言動が生まれてしまうことを理解することができる。	理解	○文化の交流というものは，単純に見えて複雑な関係が存在していることを筆者が旅を通じて気づいたことを把握しているか確認する。（行動観察，発言）

	●これら2作品から，作者である西江雅之さんの人物像に迫ることができる。	理解	○現地に住む人の気持ちを思う西江雅之さんの心情を察することができるか確認する。(行動観察，発言，意見文作成)
三「西江雅之さんの手紙」(2)	「西江雅之さんからの手紙」の前半部分を読んで次の点について考え，内容を要約することができる。 ●自然に恵まれた環境で遊んだ少年時代の雰囲気と遊びについて。 ●身体能力に長けた高校時代について作者のイメージを広げる。 ●語学の学習に没頭した大学時代について作者のイメージを広げる。	技能知識	○読解方略を使って，作者の伝えたい事柄を理解しようとすることができるか確認する。 ○大自然の中で遊ぶイメージを持つことで，作家に対する憧れの気持ちや体を使って遊ぶことに対する夢を表現しようとしているか確認する。 (行動観察，発言，ノート) (要約文)
	●旅はわれに返るきっかけであり，筆者はランボーを追いかけた。そこには，百数十年前の姿とまったく変わらない荒れ果てた土地と人々が砂漠の中で，2人，3人，大海原を漂うかのように生きている。 ●静かな死の世界に身を沈めると，自分が単なる生き物だと実感した作者の心情を理解し，それについての考えをもつことができる。(後半)	技能知識	○読解方略を使って，文章を通して作者の伝えたい事柄を理解しようとすることができるか確認する。 ○死に対するイメージから，命のはかなさや崇高さ，そして，人の思いの豊かさなどを推し量って，作家の思いに近づこうとした読みをしようとしているかを確認する。 (行動観察，発言，意見文作成)
練習(0.5)	●読解方略の変化を見る。 ・学習前と学習後の読解の様子とメタ認知の変化について振り返ってみる。	知識	●読解方略の理解の程度について振り返ると共に，学習の振り返りを書くことができる。(行動観察，発言，ノート)
力だめし(0.5)	●既習事項の確かめをする。	知識	●登場人物の心情を捉えることができる。(読解テスト，メタ認知尺度)

　尚，学習指導の際には以下の「学習方法のステップ・学習指導案・メタ認知アンケート・学習方略アンケート」(参考資料1) を用いて指導した。

研究1に関する（参考資料1）

（1）　学習のステップ
ステップ1　わからないことを発見しよう読むためのこつを学ぼう

（ステップ1）

①題名を読んで知っていることがあれば想像しよう。

- ・読むときの目標を理解しよう。
- ・題名に関する自分の経験を書き出そう。（ステップ3で作品との比かくする。）

②つぶやき読みで読みながら考えよう。
- ・主語を見つけよう。（題に関係のあるもの）
- ・述語（文の最後にある言葉）を読めば，どのようなことが書いてあったかわかるよ。
- ・作品には事実や場面の情景を表す部分と，作者や登場人物の思いの部分があります。わけてみよう。
- ・だれが，なにを，いつ，どこで，どのようにということを頭に描きながら読もう。

③作者が主張したいことがらや登場人物の心情を理解する上で重要な語句の意味がわかるかな？
- ・わからなければ辞書を使って意味を調べよう。

ステップ2　内容を要約し，登場人物の心情の変化や作者の主張をとらえよう　（ステップ2）

①要約文を書いてみよう。
- ・作者の主張部分の文章に線を引く。
- ・線を引いた部分を使って文章を作ります。そのときの主語は登場人物や作者になります。

②要約文を読み直して，はじめの文→理由→結論という流れができているか確認する。
- ・文の中でその部分が重要である判断した理由を友だちに説明できるかな。
- ・作品の題との関係を説明できるようになろう。

ステップ3　文の中に書いてあることをつなげて考えよう。読むためのこつを学ぼう　（ステップ3）

①次の段落からもこれまでと同じように主張や心情の変化の要約をくり返し，文章を読む練習をしよう。

②手引きを使ってひとりで読み進めよう。

・先生に要約したことを説明しよう。

・自分の読みの変化をふり返る。自分自身で読むことについてわかってきたことを考えてみよう。

ステップ4　理解したことを比べてみよう　　　　　　　（ステップ4）

①理解した文章をキーワードで短くまとめる。

・要点を理解すること，書いてあることと自分の経験を比較し，思いを表現する。

②文章の順序を整えることで考えを一つにまとめる。

・全文を読み，文の構造を考える。読み取り・関係性の理解をする。

・段落ごとに小見出しを付け，文章構成を考えたり，段落の関係を整理したりする。

ステップ5　文章に書かれていることを超えた理解の段階のこつをぼう

（ステップ5）

①読んだことをもとにして，リーフレット作りや感想文等，文章の目的や相手に合わせて文章を書くこともできます。

②自分で読みのめあてをつくり読解方略を使って，学年の教科書または，1学年上の教科書を理解することできます。

（2）　研究1の学習指導案

単元について

　小学校学習指導要領国語科6年生　読むことに関する目標は次の通りである。

　ア　自分の思いや考えが伝わるように音読や朗読をすること。

　イ　目的に応じて，本や文章を比べて読むなど効果的な読み方を工夫す

ること。

ウ　目的に応じて，文章の内容を的確に押さえて要旨をとらえたり，事実と感想，意見などとの関係を押さえ，自分の考えを明確にしながら読んだりすること。

エ　登場人物の相互関係や心情，場面についての描写をとらえ，優れた叙述について自分の考えをまとめること。

オ　本や文章を読んで考えたことを発表し合い，自分の考えを広げたり深めたりすること。

カ　目的に応じて，複数の本や文章などを選んで比べて読むこと。

○本単元は，中学校国語科学習指導要領学習指導要領国語科　中学校１・２・３年生の読むことに関する目標は，下の通りである。読むことの能力を育成するため，次の事項について指導するとある。

	1 年生	2 年生	3 年生
ア	文脈の中における語句の意味を的確にとらえ，理解すること。	抽象的な概念を表す語句や心情を表す語句などに注意して読むこと。	文脈の中における語句の効果的な使い方など，表現上の工夫に注意して読むこと。
イ	文章の中心的な部分と付加的な部分，事実と意見などとを読み分け，目的や必要に応じて要約したり要旨をとらえたりすること。	文章全体と部分との関係，例示や描写の効果，登場人物の言動の意味などを考え，内容の理解に役立てること。	文章の論理の展開の仕方，場面や登場人物の設定の仕方をとらえ，内容の理解に役立てること。
ウ	場面の展開や登場人物などの描写に注意して読み，内容の理解に役立てること。	文章の構成や展開，表現の仕方について，根拠を明確にして自分の考えをまとめること。	文章を読み比べるなどして，構成や展開，表現の仕方について評価すること。
エ	文章の構成や展開，表現の特徴について，自分の考えをもつこと。	文章に表れているものの見方や考え方について，知識や体験と関連付けて自分の考えをもつこと。	文章を読んで人間，社会，自然などについて考え，自分の意見をもつこと。
オ	文章に表れているものの見方や考え方をとらえ，自分のものの見方や考え方を広くすること。	多様な方法で選んだ本や文章などから適切な情報を得て，自分の考えをまとめること。	目的に応じて本や文章などを読み，知識を広げたり，自分の考えを深めたりすること。

カ	本や文章などから必要な情報を集めるための方法を身に付け，目的に応じて必要な情報を読み取ること。		

　これらの指導目標の項目の中での変化は，アに関する項目では，小学校段階では音読表現に関する目的であったが，中学校段階では語句の意味を的確に理解し，そのためにどう工夫した読みをするかが目標となっている。イに関する項目では，小学校段階では文章を比較するときの観点が明示されていなかったが，中学校段階では文章を分析的にとらえ，表現方法などから内容の理解を効果的に行なう目標が挙げられている。ウとエに関する項目では，小学校段階では，書いてある内容や登場人物の心情を理解すること自体が目標であったが，中学校段階では文章を理解した上で構成や展開，表現の仕方について的確にとらえると共に，自分の経験や社会的な知識と比較しながら考えをもつことが目標となっている。オとカに関する項目では，小学校段階では読むことを通して考えを深めることが目標となっているが，中学校段階では文章から得られた情報をもとに，多くの知識と関連付けて視野を広げることが目標となっている。

　すなわち，中学校段階では，読むことを通して文章から得られた情報と，自分の持っている社会的な知識を結びつけ，更に新しい自分の考えを構成していくことが読むことに関する指導の目標となっている。

　一方共通する事柄としては，文章理解として場面の移り変わりや段落の内容を理解し，段落の構成と展開について調べること。自分の知識や経験と比較しながら文を読むことなどが挙げられている。そこで，指導にあたっては，通常の授業では教科書教材のみを利用して指導するが，本単元は自ら伸びようとする力のある（認知的能動性のある）子ども，困り感を持った子ども，それぞれの子どもの力が共に伸びる学習方法の展開をするという視点に立った授業を展開するための題材として，TOKYO FM放送のゆうちょ LETTER for LINKS「西江雅之さんの手紙」，「旅人からの便り」，「町の子・写真ごっこ・驚き（の中の1編）」の3つの文章を活用した。

TOKYO FM放送の郵貯からの手紙「西江雅之さんの手紙」は，文化人類学者である西江雅之が少年時代を田舎の野山で狩猟採集生活を送ったこと，高校時代に器械体操で関東大会優勝を獲得したこと，そして，語学の学習に励んだ大学時代を通じ，生きる原動力になっていると感じたことがらについて書き綴ったものである。また，10代で，アルチュール・ランボーが執筆した『地獄の季節』の詩集に出会い衝撃を受けた結果，その『青』を確かめにいくほど好奇心旺盛な人であったことも伝えている。それは，彼が20代の初め頃からこの世界から消えゆく言語を話す人びとを訪ね，世界の奥地や秘境などと呼ばれる場所に何度となく身を置いてきたことにつながり，現地の人たちの生き方や考え方に触れてきた人生の振り返りと感じることができる文章である。

　教科書教材「伝え合い」（光村図書　教科用図書　国語科中学校2年）は，世界に目をめけると，知らなかったこと，考えなければならないことに気付き，そこから生徒が取り組んでみたいと考えることを探るというねらいをもって編集された教材である。しかし，原典である「旅人からの便り」（株式会社リブロポート　教科用図書の原典）は，著者である西江雅之が旅先からいくつかの雑誌や新聞に書いたさまざまな手紙文を書き送ったものを集め，1冊の本としてまとめたものである。その中には，本研究の授業で扱ったソマリアの奥地で出会った人たちとの交流を通じて，言葉や生活習慣の差が人間関係の間に存在することによって起こる誤解について書かれた文章もある。この教材の中には教科書を編修する際，省かれたと思われる文や語句がある。そのため，作家の思いや現地の状況，登場する人々の生活環境をより深く理解することができる作品としての力強さが弱くなる面がある。

　「町の子・写真ごっこ・驚き」は，西江雅之著『旅人からの便り』（福武書店）の中に収められた作品である。この作品を読むと，日本の生活の中では日常の事物に驚きを感じることがなく，自分があるがままにしたがっている狭い世界を真の世界と信じて疑わないという態度や，たとえ驚きや不思議を感じるとしても，それを他者の側にのみしか見出すことがないと

いう態度を，そうした人間の持つ一面であると感じる。

　著者である西江雅之氏は，文化人類学者・言語学者で1937年の東京生ま
れ。大学時代は，言語学・文化人類学を専攻し，早稲田大学政経学部，同
大学大学院芸術学修士課程修了した。フルブライト奨学生としてカリフォ
ルニア大学大学院で学んだ後，東京外国語大学，早稲田大学，東京芸術大
学など諸研究機関で教壇に立った。

　西江雅之の主な調査地域は東アフリカ，カリブ海域，インド洋諸島であ
る。23歳で初のスワヒリ語の文法を発表するなど，アフリカ諸語，ピジン・
クレオール語の先駆的研究を行う。幼少期より自然の中で動植物に親しみ，
小学生時代はNHKのど自慢に出場し，高校時代は鉄棒の全国チャンピオ
ンになるなど，どこまでも破天荒な経歴の持ち主だ。大学時代は独学で多
言語を習得してアフリカ縦断隊に参加し，スワヒリ語の研究を始めた。関
心領域は人間のイマジネーション全般。言語学・文化人類学の研究にとど
まらず，紀行文，エッセーの書き手として知られるほか，現代音楽・現代
美術の分野での活躍も多い。著書に『異郷日記』（青土社）『ヒトかサルか
と問われても』（読売新聞社），『伝説のアメリカン・ヒーロー』（岩波書店），
『食の課外授業』（平凡社新書）のほか，専門書，エッセー集など多数ある。

　○指導にあたっては，主語と述語の関係を元にして文章が広がっていく
ことを理解していくことができるようにするために，短冊を用意してお
く。それを用いて主語と述語のみを文から取り出して読むことができるよ
うにすることで，述語の意識化をする。また，読解方略の理解を促進する
ために，共同的学習の場面での読み取りのモデルを教師が示すこと，また，
読み取ったことについての質問を繰り返すことによって，メタ認知機能の
モニタリングの理解をより促進することができるようにする。

　○清川・犬塚（2003）においては，一人の生徒を学習指導の対象として
いたが，本研究では学校現場での指導への転移を目標としたために，学力
差に応じた生徒同士の交流も考慮した話し合いの場面を設定する。話し合
いの場では，中学校国語科学習指導要領における目標，ウとエに関する項

目においては，2年生の目標，文章の構成や展開，表現の仕方について，根拠を明確にして自分の考えをまとめることを。3年生の目標では評価することを重んじる。また，オとカに関する項目では，文章から得られた情報をもとに，多くの知識と関連付けて視野を広げることを目標とする。

　授業においてはまず，『旅人からの便り』（福武書店　教科用図書の原典）を読むことで筆者が経験したソマリアで出会った青年たちの言動や老人の言葉から筆者が感じたことと，アフリカの現代的な都会での経験を比較する。その学習を通じ，筆者の国際理解に関する価値観や筆者の人柄について想像していくことをねらいとしたい。

　次に『旅人からの便り』の中の「町の子・写真ごっこ・驚き（の中の1編）」を発展教材としてとらえ，読解方略の理解が進んだ生徒の読書の幅を広げる教材として扱っていきたい。

　最後に，TOKYO FM放送の「郵貯からの手紙」「西江雅之さんの手紙」を読むことによって，筆者の人柄と自分たちが考えたことについての比較をして，そこから感じたことを学習のまとめとして学習を振り返ることとしたい。なお，論者の勤務する市町の学校は「人権教育の視点」を加味して授業を構想することを論者がこの授業を実施した折に求めていた。その慣例にならって，本指導案にも人権にかかわる項目を記述した。

人権教育の視点からめざす児童の姿

　人権教育の視点から，このような視点で児童を育成していく。

＜技能的側面＞
・読み取った内容をもとにして段落の要旨をつかむ。（ペアで）
・筆者の考え方を理解しながら，友だちの考えついての質問をする。（ペアで）
＜価値的・態度的側面＞
・友だち考えを理解しながら自分と比べて聞き，自分の思いをもつ。（振り返り）
・共に学び合う中で，読解方略を理解していることを実感する。（振り返り）

単元の目標

○文章の構成や展開，表現の仕方について，根拠を明確にして自分の考え
　をまとめる。（1）ウ

○目的に応じて本や文章などを読み，人間や社会についての知識を広げた
　り，自分の考えを深めたりすること。（1）オ。

単元の評価規準

国語への 関心・意欲・態度	話すこと・聞くこ と・書くことの考え	読解の技能	国語文化に関する 知識・理解
筆者が体験した事実と，そこから感じたことを比較しながらエッセーを読もうとすることができる。	「伝え合い」の筆者である西江雅之が体験した事実と考え方に触れ，自分の感じたことを筆者が体験した事実と筆者の考え，自分が考えたことに分けて表現することができる。	場面の移り変わりや話題の中心を読み取り，作者の性格，ソマリアの状勢等を考慮し作品を理解することができる。	文化人類学者である西江雅之が書いた異なる文章に触れることで，作者の人生観やアフリカの文化，生活を読み取り，3つの文章の特徴や伝えたいことがらを整理する。

指導と評価の計画

全12時間

小単元	学習内容	評価の観点	評価規準（評価方法）
一「旅人からの便り」（「伝え合い」）（6）	●「伝え合い」を前半部分と後半部分に分け，アフリカの奥地の出来事と現代的な都会の特徴についてつかむことができる。 ●自分の力だけで文を読み，作者の考え方について書いてある部分を確認することができる。 ●わからない言葉や文があることに気づき，意味を調べることでその問題が解決できることを確認することができる。	関心理解	●読解方略の状況や理解の程度について確認する。 （PISA型学力テスト） （国語読み取りテスト） ●作家の仕事や現地の様子を写真で見ることから，自分でどの程度理解することができそうか，イメージを持つ。 （要約文を作成する。） ●メタ認知の状況を測定する。 （吉野2008メタ認知尺度）
	●第2段落までを読み，ソマリアの奥地で出会った人たちの忽然とした登場の仕方や服装，体つきなど	理解技能思考	●通常であれば恐ろしいと感じる原住民との出会いが，作者にとってはとても自然な出来事であると感

29

	から，現地の人たちの暮らしについての理解を広げると共に，そこで起きた出来事から作者が考えたことについての見解を要約することができる。（手本を見る。） ●「しかし」の接続詞によるはたらきで前後の内容が変化することを知る。		じたことを理解することができている。 ●接続詞「しかし」の文章上の役割を説明することができる。
	●第6段落までを読み，現地での重要な役割のある食料としての「羊」の存在の大きさに気付くと共に，日本というところでの「羊」に対する捉え方の違いから，誤解が生じてしまったことの意味について考えることができる。	理解 技能 思考	●日本では，羊を食料として認識することができにくい状況がある。その結果，物事を深く考えることなく，「羊がいない。」と返事してしまったことから誤解を与えてしまったことについて，意見をいうことができる。
	●第10段落までを読み，現代的な都会のナイロビなどの生活の状況について知ると共に，大都会での話が通じるが故の誤解について考え，内容を要約することができる。	理解 技能 思考	●文毎の内容を捉える方略を理解したことを教師と確認することができる。 （行動観察，発言，要約文作成）
	●第12段落までを読み，慣習の違いによって誤解が生じてしまうことについて作者が感じたことを深め，まとめることができる。	思考	●読解方略を使って，慣習の違いが人間の行動や評価に影響してしまう事実を読み取り，要約することができる。
	●第14段落までを読み，これまでの学習のまとめとして，各段落の内容を要約することができる。 ●言葉が，解釈の仕方や文化によって，異なるものととらえられてしまう世の中であり，単純に見えることがらも，複雑な関係の中に成り立っているという考え方を知ることができる。	思考 理解	●言葉が，解釈の仕方や文化によって，異なるものととらえられてしまう世の中であり，単純に見えることがらも，複雑な関係の中に成り立っているという考え方を要約して述べることができる。 （要約文の作成，発言，ノート）
二 「旅人からの便り」の中の「写真ごっこ」（4）	●登場人物と場面の状況をとらえることができる。 ●前半と後半に分け，意味のわからない言葉や理解できにくい文章を意識することができる。 ●作者の人柄を捉えるために使う言葉の中で意味のわからない言葉を辞書で調べることができる。	理解	●アフリカの子どもたちがカメラの前で豊かな表情や仕草，自由奔放で自己流の生き生きとした踊りの表現をしていることを理解することができる。 ●そんな温かな表現とは対照的に，裏町に入っていくとそれとはまったく異なる表情を見せることを理解することができる。（ノート）
	●文章の内容について，場面を前半と後半の作者の主張を要旨としてまとめることができる。	理解	●自由奔放で生き生きとした表情とは裏腹に，裏町に入っていくとそれとはまったく異なる闇の部分が存在することを感じた作者の考えをまとめることができる。（行動観察，発言）

	●現地の子どもたちや人びとの状況を理解し，自分と異なる立場の人が世の中には居ることや外部に人たちの影響によってそのような言動が生まれてしまうことを理解することができる。	理解	●文化の交流というものは，単純に見えて複雑な関係が存在していることを筆者が旅を通じて木がついたことを把握している。 (行動観察，発言)
	●これら2作品から，西江雅之さんの人物像に迫ることができる。	理解	●登場人物の気持ちを思う西江雅之さんの心情を察することができる。(行動観察，発言，意見文作成)
三「西江雅之さんの手紙」(2)	「西江雅之さんからの手紙」の前半部分を読んで次の点について考え，内容を要約することができる。 ●自然に恵まれた環境で遊んだ少年時代の雰囲気と遊びについて。 ●身体能力に長けた高校時代について作者のイメージを広げる。 ●語学の学習に没頭した大学時代について作者のイメージを広げる。	技能知識	●読解方略を使って，文章を通して作者の伝えたい事柄を理解しようとすることができる。 ●大自然野中で遊ぶイメージを持つことで，作家に対する憧れの気持ちや体を使って遊ぶことに対する夢を表現しようとしている。 (行動観察，発言，ノート) (要約文)
	●旅はわれに返るきっかけであり，筆者はランボーを追いかけた。そこには，百数十年前の姿とまったく変わらない荒れ果てた土地と人々が砂漠の中で，2人，3人，大海原を漂うかのように生きている。 ●静かな死の世界に身を沈めると，自分が単なる生き物だと実感した作者の心情を理解し，それについての考えをもつことができる。 (後半)	技能知識	●読解方略を使って，文章を通して作者の伝えたい事柄を理解しようとすることができる。 ●死に対するイメージから，命のはかなさや崇高さ，そして，人の思いの豊かさなどを推し量って，作家の思いに近づこうとした読みをしようとしている。 (行動観察，発言，意見文作成)
練習(0.5)	●読解方略の変化を見る。 ・学習前と学習後の読解の様子とメタ認知の変化について振り返ってみる。	知識	●読解方略の理解の程度について振り返ると共に，学習の振り返りを書くことができる。 (行動観察，発言，ノート)
力だめし(0.5)	●既習事項の確かめをする。	知識	●登場人物の心情を捉えることができる。 (読解テスト，メタ認知尺度)

学年　学級　　　中学校第2学年　　　男子2名　女子5名　　　計7名

授業者　　片岡　実

▷ 授業改善のポイント

○　3つの文章を利用することによって，読解方略の理解と作者の人生観を知ることができるようにし，よりメタ認知の活性化を図ることができ

るようにする。

事前の補充指導
○　学習者に，授業者の人となりを知ってもらうことから学習を始め，この学習の意義である読解力の重要性についての理解を深める。

全時の学習

（1）　全時の目標
○　文章の構成や展開，表現の仕方について，根拠を明確にして自分の考えをまとめる。（1）ウ
○　目的に応じて本や文章などを読み，人間や社会についての知識を広げたり，自分の考えを深めたりすること。（1）オ。

（2）全時の学習展開（全13時間）

学習活動 ○主な発問 ・予想される児童の反応または，教師が読解のモデルとして提示する姿	☆指導上の留意点 ・人権教育の視点　　評価（評価方法） ◇主な指導となるステップの項目番号
1時間目（1月28日） ○次の問題に挑戦してみましょう。 ・着席してテストをする。 ○「伝え合い」の前半部分にはどんなことが書いてありましたか。 ・アフリカの奥地でそこに住んでいる人に合う。 ・そこで羊の話になる。等 ○わかったこととそうでないことの区別をする。 2時間目（1月31日） ○作者の仕事について簡単な説明をする。	◇ステップ1 ☆既習事項を確認するためにこれまでの学習経験を聞く，テストを受ける様子を観察する等を行い，読解の状況とメタ認知の活性化の程度を確認する。また，学習に対する意欲を高めておく。 PISA型読解力調査 国語自作テスト メタ認知尺度　吉野（2008） ☆1・2段落をつぶやき読みする。

> 人びとの生活ぶりの事実から，西江雅之さんが考えたことを理解しよう。

○登場する人物を確認する。 ○ソマリアの人たちの生活の様子を読み取ったことから考えてみましょう。 ・現地の人たちの登場の仕方，体つき，表情から自然の中でたくましく生きている様子をとらえることができるような読み取りを見せる。 ・普通であれば恐ろしいと感じる人たちの姿であるにもかかわらず，恐ろしくないと感じた作者の人間性を何ととらえるか話し合う。（例　任務，責任，必死に向き合う） 〈学び合いの場　（みんなで）〉 ・Aさんの考え方を説明します。 ・それについてわたしは，〜だと思います。わけは，〜だからです。 3時間目（1月31日） ○今日読んだところには，どんなことが書いてあったかな。 ・伝え合うことに関することに注目する。	◇ステップ2－①②③④⑤ ☆通常であれば恐怖を感じても不思議ではない人たちの姿であるが，作者は恐怖を感じなかったことを確認できるようにする。 ☆わかることと自分の経験をつなぐようにする。 ・それぞれの地域で生活している人びとの立場について理解できるように写真等を用意しておく。 ☆接続詞の使い方について確認する。 ☆3・4・5・6段落をつぶやき読みする ☆既習事項を振り返り，誤解が生じたことに対する作者の見解に気付くことができるようにする。

> 誤解が生じた理由を，西江雅之さんはどのように考えたのか理解しよう。

○私たちにとっての羊と現地の人たちにとっての羊には，考え方に違いがあり，その違いからどんな誤解が起きたか考える様子を提示していく。 ・食べ物 ・動物園や公園などにいる観賞用 〈学び合いの場　（みんなで）〉 ・生徒1名と教師が対話する場面を観察することが出来るようにしておく。 4時間目（2月4日） ・「今わたしは，久しぶりにアフリカの現代的な都会にいる。」と書いてある部分に注目する。 ○現代的な都会ではこれまでと大きく違っていることがあることに気付く生徒の意見を聞く。	・生きていくために必要なものとして食料があることを感じることが出来るようにするために，砂漠地帯の様子を前の時間に知らせるようにする。 ◇ステップ3－①②③ ☆目標の提示をする。 ☆7・8・9段落をつぶやき読みする。 ◇ステップ2－①②③④⑤ ☆前問の内容を思い出すことを意識する。 ◇ステップ3－①②③

> 言葉が通じるが誤解が生じた理由を，西江雅之さんはどのように考えたのか知ろう。

〈学び合いの場　（みんなで)〉 ・生徒全員が読み取り役になり，１ずつ理解したことを話していく。 ・教師は生徒に対し，内容理解が深まるように具体的な事柄についての質問をする。 ・意思の伝達には……。	☆生きていく上で，異なる風俗と風習を持ちながらも共通の言葉が存在することによっても誤解が生じることがあることを理解する。 ☆できごとの順番を意識できるようにする。
５時間目（２月４日） 〈学び合いの場〉（ペアで)〉 ○言葉で会話することができるものの，外見からは見当がつかない心の問題とは，どんな問題であるかを明らかにしてみよう。 ・意思の伝え合いには困らないものの，判断の仕方は慣習によって異なる。	☆10・11・12段落をつぶやき読みする。 ◇ステップ３－③ ☆同じようなことをしても慣習の違いが相手の印象を変えてしまうことがあることを理解するために，主張と事実の部分を明確に区別する。

人間の行動に影響するものを西江雅之さんはどのように考えたか読み取ろう。

・相手の心と自分の心は同じではない。 ・同じ言葉でも悩み事を大きくしたり，相手を傷つけたりすることがある。 ・ありがとうという言葉を発する側が，慣習によって異なっている。	【考】 　世界の人たちには，生活する環境を受け入れていかなければならない側面はあるものの，そのことが世の中の当たり前のこととは異なるものであることに気付くことができることをまとめることができる。 （発言・行動観察・ノート）
６時間目（２月７日） ○この文章で作者が伝えたかったことがらをまとめてみよう。	13・14段落までをつぶやき読みする。 ステップ１・２・３

西江雅之から伝えようとしたことが何であるかを考えよう。

・異なる世界に属する人々が同じ言葉で話すことは一見素晴らしいことであるが，言葉が通じるからこそ単純なことがらが複雑な事態となってしまうことも，ごくふつうにあるのである。 〈学び合いの場〉（ひとりで)〉	☆言葉が，解釈の仕方や文化によって，異なるものととらえられてしまう世の中であり，単純に見えることがらも，複雑な関係の中に成り立っているという考え方を要約して述べることができる。 【相違を認めて受容】 　相手の考え方を理解しながら，自分の言葉で伝える。

34

7時間目（2月7日）
○「写真ごっこ」の登場人物と場面の状況を読み取ってみよう。文章を前部分と後半部分に分け，意味のわからない言葉や理解できにくい文章を確認しよう。
　意味のわからない言葉は辞書を使って調べてみよう。

◇ステップ4
☆楽しそうに踊っている子どもたち，おとなたちの親切さの影の部分として，裏町に住んでいる人々の物品の欠乏からくる貧困が，恐ろしい行動をとってしまうケースが，ある。このことを筆者はとても切ないこととして表現していることを理解する。

〈価値的・態度的側面〉
【自他の理解と尊重】
共に学び合う中で，自分の考えが深化したことを実感する。

「写真ごっこ」を読んで事実と作者の考えたことを理解しよう。

・アフリカの子どもたちは写真を撮ってもらうことが好きである。
・アフリカの子どもたちは踊りも好きである。
・日本の子どもたちとは違っているところがある。
・裏町では，旅行者所持していたものがなくなってしまったり，奪われたりしてしまうことがある。

ステップ4
☆各段落に書いてある内容をとらえるためにも，筆者が子どもたちや写真を撮ることをどのように子どもたちが感じているかを読み取ることができるように，主語に注目することができるように学習ガイドを利用する。
☆「土地が異なる」という言葉に着目し，この文章は土地の違いが行動の違いとつながっていると作者がとらえていることに着目できるように，「裏町」がよく使われていることに注目する。

8時間目（2月13日）
○文章の内容について，場面を前半と後半の要旨をまとめることができるかどうか確かめてみよう。
・主語と述語を認識する。
・写真に関する内容に注目する。
・写真を撮ることを喜ぶ子どもの様子，写真を撮ることを勧めない理由に分けることができる。

◇ステップ3―①②③
☆「土地が異なれば」ということで条件が変わることを意識することができたか観察しておく。

☆旅行者の小銭を与えて写真を撮るという行為が，子どもたちの行動に影響を与えているという現実を筆者がどのようにとらえているかを理解することができるように，広大なサバンナの台地と対比する。ステップ2・3

9時間目（2月13日）
○現地の子どもたちや人びとの状況を読み取って，そこでの人たちの言動がどのように生まれているかを調べていこう。
・場所によって人びとの行動が異なる。

◇ステップ3
☆「写真ごっこ」と「伝え合い」に書いてある西江さんの考えていることがらの部分の共通点を見つけることで，人物像に迫る言葉のイメージを広げることができるようにする。
ステップ3・4

10時間目（2月21日） ○これら「写真ごっこ」「伝え合い」を読んで，西江雅之さんがどんな人物だと思うかを想像していきましょう。 ・優しい　・多くの人と関わる ・客観的	☆「写真ごっこ」と「伝え合い」に書いてある西江さんの考えていることがらの部分の共通点を見つけることで，人物像に迫る言葉のイメージを広げることができるようにする。 ステップ３・４
11時間目（2月21日） ○「西江雅之さんからの手紙」の前半部分を読んで，内容を要約してみましょう。西江さんの人柄を理解することができると思うよ。（前半部分） ・自然に触れている　・運動ができる	☆「西江雅之さんの手紙」に書いてあることがらと，「伝え合い」に書いてあることがらを比較し，西江さんの人柄について読み取った内容を比べ，自分の読みについての認識を広げることができることができるようにするためにこれまでの学習方法を復習する。 ◇全てのステップを使用
12時間目（2月25日） 「西江雅之さんからの手紙」の後半部分を読んで，内容を要約してみましょう。西江さんの人柄を理解することができると思うよ。（後半部分）	読解方略の確認をする ☆8時間目からは，読解方略使用の観点から，読みのめあては生徒自身の心の中で持つために記入しないこととする。
13時間目（2月25日） ●読解方略の変化を見る。 ・振り返りを使って ●既習事項の確かめをする。	メタ認知尺度の測定 読解のテスト

（3）メタ認知アンケート

　自分の学習の様子を見つめるためのアンケートシート

　あなたの記号（　　　　）

　今回の学習をする前と後で，学習の様子がどのように変わっていったかをあなた自身が知るために，次の質問に対し答えてください。

　答え方は内容がどのくらいあてはまりますか。あてはまる番号に○を記入してください。

	質　問	あてはまる	ややあてはまる	どちらともいえない	ややあてはまらない	あてはまらない
1	たくさんの練習を必要とするものに挑戦するときには，自分の目標となるイメージを作り，それに近づけるように練習をしている。	5	4	3	2	1
2	学校の授業中，自分のわかっているところとそうでないところの区別がつく。	5	4	3	2	1
3	初めは成績が伸びていても，途中で伸びなくなったときには，これまでとは違う学習の方法を考えてみる。	5	4	3	2	1
4	初めて教科書を使って学習する内容は，理解できたと感じたところでも，もう一度正しくできているか確認する。	5	4	3	2	1
5	何か失敗をしたときには，同じ失敗を繰り返さないように，その原因を考えるようにしている。	5	4	3	2	1
6	テスト勉強をするときには，学習を始める前に，どこまで学習するかの目標を立ててから学習を始める。	5	4	3	2	1
7	問題を解いていて，その問題が難しいと感じたときに，なぜ難しく感じるのか理由がわかる。	5	4	3	2	1
8	試験問題を読んだとき，簡単な問題と難しい問題の区別をつけることができる。	5	4	3	2	1
9	掃除や料理を作るときに，次の段取りを意識しながらそうじしたり，調理したりすることができる。	5	4	3	2	1

（3）学習方略アンケート

学習の仕方を見つめるアンケートシート

あなたの記号（　　　）

このアンケートは，日ごろの学習やりかたについてたずねるものです。

あなたの日ごろの学習の仕方は，次の質問にどのくらいあてはまりますか。

もっともあてはまるものを1つだけ選んで，番号に○を記入してください。

	質　問	とても使う	少し使う	どちらともいえない	あまり使わない	全く使わない
1	勉強しているとき，自分がわからないところはどこか見つけようとする。	5	4	3	2	1
2	勉強しているときに，やっていることが正しくできているかを確かめる。	5	4	3	2	1
3	勉強で大切なところは，繰り返して書いたりしておぼえる。	5	4	3	2	1
4	勉強していてわからないときには，やる順番を考える。	5	4	3	2	1
5	勉強するときには，大切なところはどこかを考えながら勉強する。	5	4	3	2	1
6	勉強するときには，授業中，先生の言ったことを思い出すようにする。	5	4	3	2	1
7	勉強するときには，その日の用事を考えて勉強のやり方を変える。	5	4	3	2	1
8	勉強するときには，勉強に集中できるような工夫をする。	5	4	3	2	1

	質　問	とても使う	少し使う	どちらともいえない	あまり使わない	全く使わない
9	勉強するときは，最初に計画を立ててから始める。	5	4	3	2	1
10	新しいことを勉強するときには，今までに勉強したことと関係があるかどうかを考えながら勉強する。	5	4	3	2	1
11	勉強を始める前に，これから何をどうやって勉強するかを考える。	5	4	3	2	1
12	勉強する前に，これから何を勉強しなければならないかについて考える。	5	4	3	2	1
13	勉強しているときは，内容がわかっているかどうかを確かめながら勉強する。	5	4	3	2	1
14	勉強をするときには，自分で決めた計画にそっておこなう。	5	4	3	2	1

	質　　問	とても使う	少し使う	どちらともいえない	あまり使わない	全く使わない
15	勉強で大切なところは，繰り返して書いたりしておぼえる。	5	4	3	2	1
16	勉強している時に，たまに止まって，一度していたことを見直す。	5	4	3	2	1
17	勉強しているときに，やった内容を覚えているかどうかたしかめる。	5	4	3	2	1
18	勉強していてわからないところがあったら，勉強のやり方を色々変えてみる。	5	4	3	2	1
19	勉強するときには，内容を頭に思い浮かべながら考える。	5	4	3	2	1
20	勉強をするときには，これからどんな内容をするのかを考えてから始める。	5	4	3	2	1
21	勉強していてわからないところがあったら，先生に聞く。	5	4	3	2	1
22	勉強のやり方が自分に合っているかどうかを考えながら勉強する。	5	4	3	2	1

2.3.　結果

　読解テスト得点の変化については，対応のあるt検定を行った結果，平均得点事前7.3点，事後7.0点，r値.000であり，有意な変化はみられなかった。メタ認知の変化については，対応のあるt検定を行った結果，モニタリング平均得点事前3.4点事後4.0点r値.223で有意な変化はみられなかった。

　コントロールは，平均得点事前3.6点，事後4.0点，r値.524で有意な変化はみられなかった。

　反省的モニタリングは，平均得点事前3.1点，事後3.4点r値.857で有意な変化はみられなかった。

　方略の変化については，読解方略の作業方略は有意に高くなっていた

$(t(5)=2.64,\ p<.05)$。また，柔軟的方略$t(5)=2.03,\ p<.10)$ とプランニング方略（$t(5)=2.32,\ p<.10)$ は高くなる傾向がみられた。

表5．研究1の読解テスト得点，メタ認知，読解方略の変化

		事前	事後	r	t
テスト得点	M	7.3	7.0	.000	
	SD	1.37	2.00		
メタ認知					
モニタリング	M	3.4	4.0	.223	
	SD	0.46	0.54		
コントロール	M	3.6	4.0	.524	
	SD	0.70	0.76		
反省的モニタリング	M	3.1	3.4	.857	
	SD	0.61	0.98		
読解方略					
作業方略	M	3.4	4.1	.696	$(t(5)=2.64,\ p<.05)$
	SD	0.72	0.61		
柔軟的方略	M	3.5	4.0	.508	$(t(5)=2.03,\ p<.10)$
	SD	0.46	0.58		
プランニング方略	M	3.2	3.7	.343	$(t(5)=2.32,\ p<.10)$
	SD	0.40	0.39		

2.4. 考察

これらの結果から，読解方略は使用するようになったと考えられる。メタ認知使用に関しては，有意ではないが平均得点は高くなっていることから，高まり始めたとも考えられる。本研究の段階的メタ認知使用の手続きは，ある程度の効果があると思われる。

ここからは，読解方略の使用とメタ認知使用の平均得点が高くなった理由について，授業の展開と生徒の様子，学習過程などから分析をする。

まず，教師の発言に着目すると，「文の主語を見つけながら，ゆっくり読んでみましょう。」「文章の題と関係のある主語がどれか考えてみよう。」「説明文の場合，主語が省略されていることがあります。」「接続詞（文の

はじめに書いてあり, 前の文とその文を結ぶはたらきのある言葉) があるかな。」「指示語 (前の文にある言葉を示す別の言葉) が書いてあるかな。」という問いを発した際に, 生徒の注意喚起が促され, 主語と述語の関係を意識しながら文章を読んでいくことができた可能性がうかがえる。

　この発問をした際の生徒の発言の中に,「普段の中学校での学習は, 教師の用意したワークシートに答えを記入する形で授業が進むので疲れる。」や「文章の中に主語が書いてないところがあることを初めて知った。」という言葉があった。これらの発言から生徒の読解の学習に対する思いは, 教師の用意した問いに対する正しい答えを探す活動という考え方から, 文章同士の関係性について注目して読む学習をするという考え方に, 学習に対する考え方が変化し始めてきたと判断することができる。

　また, 学習後に集めた生徒の感想文の中にも,「段落の前半部分である田舎について書いてある部分と, 後半部分である都会について書いてある部分を分けることができることを知った。」「作者の西江さんは, どのようにして現地の人と接していったのだろうか。」という作者の書いた文の構造について, その意図を探ろうとしていることや, 作者の現地での行動を知ろうとする記述等から, 段落毎に主語・主題に関わる言葉を追って, 自分の日常生活と比べる学習をしようとしていたことが推察できた。

　学習を開始した当初はどの生徒も要約文を書く課題に対して,「何をして良いのか分からない。」と話していたが, 授業の回数を追っていくうちに自分の力だけで文を読み, 作者の考え方について書いてある部分を確認することや, ソマリアの奥地で出会った人たちの忽然とした登場の仕方について触れ, 現地の人々の服装や体つきなどから, その地域に住んでいる人々の暮らし方について考え, そこで起きた出来事等から作者が考えたことについての自分の思いを表現することができるようになってきた。

　要約した文章については, ５Ｗ１Ｈを意識して文章を書いている生徒が８名中７名になった。これは, 読解方略の中の項目である「作業方略」のアンケート結果の平均値から推察すると, 数値が3.4から4.1に変化したこと, また, 読解方略の中の項目「柔軟的方略」のアンケートの結果は, 平

均3.5から4.0に変化したという事実からも，生徒の読み方に対する意識が高まっていったことを示している。

　以上の結果から，生徒に起こった学習の効果として，文章を理解する際に読解方略を用いることによって，説明文に書かれた内容を理解することができたというイメージを持つことができたことから，文章を読んでいくときに大切なことは方略を使って文章を読んでいくことが重要であるということが理解できたと推察した。

　しかし，意味のわからない言葉を意識し過ぎ，辞書を使って意味調べすることに気持ちが傾いてしまった生徒や読むことができない文字を調べることばかりに気を取られてしまった生徒がいたことについては，段落の前後に書かれている内容を頭におきながら次の文を読んでいくことができにくい。このことについては，ワーキングメモリー容量等からの影響も懸念されるが，本研究の目的が読解の方略とメタ認知の使用が読解の程度に及ぼす効果について調べるという観点から，その点についての考察は控えることとした。

　この読解方略を使用するようになったことについては，調査に使った質問紙の下位項目の内容と指導者である論者が学習時間に話したことが影響している可能性が示唆される。方略使用の有無を調査する５件法のシートには，次のような言葉で読解方略の使用の程度が質問されていた。１勉強で大切なところは，繰り返して書いたりしておぼえる。２新しいことを勉強するときには，今までに勉強したことと関係があるかどうかを考えながら勉強する。３勉強するときには，授業中，先生の言ったことを思い出すようにする。これらの言葉は，指導した論者が授業の際に，常に生徒に対して語りかけていた言葉であった。これらは，方略検査の作業方略の項目と合致していることに加え，生徒たちが通っている学校で，そこに勤務している教師が学習指導の際に常にそれらの言葉を使っていることも予想されるために，生徒が学習の場で常に意識して使っていた可能性もある。また，方略の計画性と柔軟性の下位項目の質問についても常に授業者であった論者が意識して使用している言葉でもあることから，教師の発言が読解

方略の使用に影響するようにも考えることができる。

　次に，メタ認知使用の平均得点が高くなった点についても考察する。メタ認知の使用に関して授業のために考えていた教師の指示の言葉は，①「この段落の文章を理解する時，大切な言葉や関係のある言葉を文章から見つけてみましょう。」②「それぞれの段落の大切な言葉，関係のある言葉だと考えたものを使って，その文の内容を短くまとめてみましょう。」③「何回か読んでわかりにくいところを見つけてみましょう。」の 3 つである。これらは，読解方略の使用とも重なる部分もあるが，段落同士の関連を自分自身で問う活動である。メタ認知を使用できるようになることを目的とした指導で大切なことは，生徒が自分自身の知識を用い，自分自身を見つめる活動をすることであると考える。この読解活動の繰り返しと，問題解決時において生徒自身が自発的に学習の手引き書を読みながら，方略の使用を意識できたことによって，メタ認知使用の平均得点が向上したのではないかと考えた。

　さらに研究 1 の課題について述べる。研究 1 では長期間の授業を実施し，指導も文章の細部に気を配るように丁寧に指導を行った。しかし，学習後の読解テスト平均得点に関しては下がってしまう結果となった。授業に参加した 8 名の生徒のうち，欠損値のあった 2 名の生徒を除いた生徒 5 名読解テスト得点について詳しく見ていくと次のような結果が見えてきた。

　読解テスト得点が下がった生徒が 2 名，上がった生徒が 2 名，変化のなかった生徒が 1 名である。そのうち，読解テスト得点の下がった生徒は大きく得点を下げ，上がった生徒の得点を合わせても，その差を補うことができない結果となった。この結果の一要因として，授業の日程的な問題から生徒が修学旅行から帰校した翌日（代休にあたる日）に読解テストを実施することになってしまい，生徒の学習態度に意欲的な面が見られにくい状況があった。また，欠損値のあった生徒たちは，体調の不良でその日の読解テストに参加することができなかったという面を考慮するとこの指導方法は，学校行事や体調の影響を排除ほどの学習効果が上がらなかったという推測が成り立つ。この結果を冷静に受け止め，指導方法や学習内容に

関し詳細に分析することが重要であると考え，研究１で，読解テスト得点
及びメタ認知方略使用得点・読解方略使用得点の上がらなかった原因につ
いて分析した結果を，表６に示した。ここで分析したことを基にして，研
究２を実施するための学習のステップ等を定めることとした。尚，研究２
における指導目標については被験者を中学生に設定したことから，中学校
卒業時に行われる高等学校入学試験国語科の問題を解くために必要な読解
力の基礎・基本を身につけることとした。これは，前述のように，学習に
必要と思われるメタ認知の使用を促すための指導が小・中学校の国語科授
業では実施されにくい現状を鑑み，メタ認知の使用を可能にするための授
業方法の開発を行うことが重要であると考えたからである。

表６．研究１で得点が上がらなかった原因

	得点の上がらなかった原因	授業の改善策	メタに関して
ステップ１	◎教材と読解テストの関係がつながっていない。 ◎実際の学力の想定が具体的でない。 ・生徒の題名に関する理解が乏しい。 ・辞書等で調べ学習をする時間がない。 ・教師が書いた要約文をじっくりと読み込む生徒が少ない。 ・文意の理解の程度の確認ができない。 ・モニタリングに関する知識を引き出すことができにくい。（峰本2014） ・どのような方略をいつ，どのように使うかが具体的に説明しにくい。 ・文章を要約する場面での対話数が少ないために，方略の選択と使用に関する学習機会の確保が難しい。 ・映像を見る時間がない。	・教材を指導しやすいものに設定する。 ・目標（技能面・態度面・価値面）の設定のし直しをする。 ・要約することのみが目標になっている。知の世界をどのように広げていくかが大切であると考え，授業の展開方法を考える。 ・代表の生徒が要約をする様子を見るときには，他の生徒は状況モデルを作る（内容を聞いて図化する）等して受身にならないようにする。 ・語彙の確認をするための生徒同士の話し合いと辞書を使って調べる時間を設定する。 ・状況モデルを各自で描くことができるように発問する。	今後必要と思われるメタの構造について ①言葉の知識を活用するためのメタ認知 ②自分知と文章を対比するメタ認知 ③事実と主張の関係性を分析するメタ認知

ス テ ッ プ 2	・学習者同士の話し合いの活性 　化につながらなかった。 ◎生徒の学習観を具体化させ 　る。	・国語の授業に対する生徒のイ 　メージを自由に出させること 　によって，読解に対する姿勢 　などを観察し，問題点を明確 　化することで次の授業につな 　げる。 ・それらの意見から，教材を見 　直してみる。	
ス テ ッ プ 3	・読解テスト場面になると，自 　動的読解過程が駆動している 　可能性がある。特にワーキン 　グメモリー容量との関連か 　ら。（池田・北神2012） ◎テスト問題を解いているとき 　の解き方を生徒に言語化する 　時間を設定してみる。	・国語の授業に対する生徒のイ 　メージを自由に出させること 　によって，読解テストに対す 　る姿勢などを観察し，問題点 　を明確化することで次の授業 　につなげる。 ・読解テスト問題と読解文章・ 　学習指導の関連を図った指導 　をする。	
ス テ ッ プ 4	・教師の励ましのない読解テス 　ト時は，学習意欲を持続する 　ことが難しい。また，同じ 　テスト問題を使ってプレテス 　ト，プリテストを実施したた 　めに，学習前に記述したテス 　トの答えに事後テストの解答 　が影響される。 ・時間的に振り返りの場の確保 　は難しい。先行研究で峰本 　（2014）は，高校3年生に対 　する指導に21時間を使ってい 　るが，指導時間数に対する成 　果を物足りなかったと考えて 　いた。	・読解テストの問題を解いてい 　るときにメタが機能できてい 　るかを確認する。（なぜそのよ 　うな答えを導いたかを特定す 　る。） ・文章が読めない子どもに共通 　している態度や思考を分析す 　る。（認知カウンセリング・イ 　ンタビュー等の手法を用いて）	・誤解答を大 　切にする。

　学校現場で行われている単元国語科授業の1単元の第1時間目は，語彙指導と漢字指導の時間になりがちである。それは，教師が教材研究で使う学習指導書にそのような記述があること，多くの教科内容や単元を一度に教えている状況下の教師が多く，教材研究のあり方も単調になりがちであることがその背景にあることが推測できる。そのような状態を避けるために，第1時間目の使い方をメタ認知の活性化させることを目的とする時間と考え，生徒が教材と向き合う時間を研究1で設定した。しかし，研究1で使用した教材文が長かったことから，方略指導のための時間を多く必要としたため，生徒の学習意欲を減退させてしまう結果となった。そこで，

メタ認知の活性化を促すことができるように教材文の見直しを図り，より明確に作品の主張を生徒が意識することができ，指導の時間が長期に渡らず完結する教材文を選定することにした。これは，本研究が実験の都合上，生徒が学校外で過ごす時間を学習時間として設定せざるを得なかったことから，指導時間が長くなることを避け，様々な心の在りように対応した学習となるよう配慮した結果である。

　これらテスト得点が下がった結果を分析したことから，ステップ1では，通常，学校現場で行われている語彙指導と漢字指導については，作品を書いた著者の主張を読み解く上で重要な語句のみを辞書で調べたり，他の生徒に意味を聞いたりして学習時間を短縮と効率化をすることができるようするために，文章全体の流れを把握するように読むよう改善を図ることにした。また，指導目標や学習活動の設定が要約するという活動だけに終わるのではなく，子どもの持っている知の世界を広げていくことを目標にすることが大切であると考えた。

　ここからは，前に述べた課題の改善を図るために必要な策について説明する。

　まずは，研究1の方法を同じように生徒の中で代表者1名を選ぶ。その生徒が教材文の中の重要箇所を探す学習を行う際に，他の生徒は理解したことを状況モデルに書くこと（内容を聞いて板書やノートに図化する）や，代表の生徒が教材について説明することがらを思い浮かべる活動等をする。それらの活動に取り組むことで，学習を観察する生徒が受身にならないように工夫をすることにした。そのようにすることで，生徒が教材に対しての思いを持つことができ，それを表現する場を学習中に保障することにつながる。つまり，教材と自分の考え比較する活動をし続けるという状態を授業中に保つことができるわけである。授業時間に考えをもち続けるということは，学習に対する意欲を持ち続けるということでもある。常に考える生徒であり続けることがメタ認知を活性化させることにつながるようなステップ1にすべきであると考えた。

　ステップ2では，生徒の教材や作者に対する思いを自由に表現すること

ができるようにすることで，リラックスした雰囲気で文章に接する体験を
仕組むと同時に，生徒に個別で対応することによって，本を読むというこ
とは自分の知識と向き合うということなのだという意識を生徒が持つこと
ができるようにする。その際，教師との対話を重視した指導を行い，生徒
の読解に対するイメージである，「めんどくさいもの」，「何をして良いか
分かりにくいもの」という認識を変える。研究2では，生徒の学習に対す
る姿勢や教材文に対する問題意識等について指導者が理解しておくこと
で，生徒が思いを自由に表現することが出来る授業になるようなステップ
にすべきであると考えた。

　ステップ1とステップ2の両段階では，自分の知識と教材文を関連させ
ることを生徒の目標据え，生徒が要約文を書くことについては，作品の主
張するところをある程度読むことができるようになってから行うことにし
た。それは，文章の中でなぜその部分が重要部分であると判断したのかと
いう理由を説明することができるようになることが生徒に思いを作るとい
う点で重要であり，それができてから要約すべきであると考えたからだ。

　ステップ3では，研究1の分析の結果，授業で使った教材文の読解の難
易度と指導に使った教材文の難易度，読解テストに使用したテスト問題の
難易度の差に大きな開きがあり，学習時間に学んだ方略をテストする際に
生かすという思いに生徒自身がなることができなかったのではないかとい
う授業者の反省点がある。読解の授業に使う文章理解の方法が学習指導の
評価を行う文章の理解にも使うことができるよう，授業と評価に使う教材
の読解方法に関連性を持たせることができるようにすることが重要である
と考えた。そこで，中学生の生活の中でも体験したり，感じたりすること
ができる事柄を取り上げた文章を教材として使用する他，説明文だけでな
く物語文にも使用することができるメタ認知機能を生かした問題の設定と
なるようなステップにすべきであると考えた。また，ステップ3を設定す
るために，生徒への事前のアンケート調査の中に読書に関するイメージ
や読書量，普段の国語授業に対するイメージなどを入れる。その結果から
国語に対する抵抗感やイメージを教師が知り，生徒のよさを伸ばすことや

困っている状況を打破する方法について検討した上で，授業を展開することができるようにする。それは，研究1で授業に参加した生徒の中に国語に対するイメージがよくない子どもたちが多くいたからである。また，生徒自身が自分で文章から導いた思いを意味のあるものとしてとらえることができるように，思いを素直に言語化することができる活動を仕組むことが重要であると考え，その具現化の場がこのステップにすべきであると考えたからだ。

　これらのステップの見つめ直しによって，児童・生徒への学習意欲の維持が必要であり，そのために行っていくことは，①学習時間の短縮及び教材内容の充実　②教材文の適切化である。また，指導目標の設定を適切に行っていくことも必要であり，そのために行っていくことは，①評価テストの診断基準と指導内容の一致させる，②授業内のどこで何を指導するかを明確にすることである。更に，指導方法に関しては集団の指導と個別指導をつなぐための方法の工夫が必要であるということがわかった。

　この結果を受け，授業改善の方策を探るため，更に授業時に撮影した映像を確認し，学習意欲の喚起に関する気付きを挙げてみた。すると，学習時間の短縮及び教材内容の充実については，生徒の表情をから，授業を始めた頃にもっていた授業内容に関する興味が，授業を経ていく毎に減少していく雰囲気が感じられた。また，生徒の発言から，同じような要約という単調な学習を繰り返すことは子どもたちにとって，意味のないことのように感じるようである。方略の指導時間は，指導の目標の達成をするために，指導時間を短く，指導内容を的確に伝え，その使用に移ることが必要であることがわかった。

　そこで，学習教材と評価に使う教材の内容を一致させるため，評価問題の作成に使用する日本の高等学校入学試験国語科問題の出題傾向を分析した。また，その分析結果から分かった問題傾向に対応するための解法と，解法を使用するために使うメタ認知機能の分析を行った。

　その結果，入学試験問題の種類には，①接続詞を選択する問題，②本文から分かる事を他の人が文章にして人に伝えようしたとき，その人が考え

たとされる文の空欄部分に重要語句をあてはめる問題，③抜けている文を当てはめる場所を決める問題，④指示語が指す文を見つける問題，⑤文中の言葉の意味を説明することがらを本文から抜き出す問題，⑥文章の言葉と自分の生活のできごとを結び，例として説明する問題，⑦文章から分かることがらを，自分の知っている言葉の中から象徴的な言葉に言い替える問題，⑧文章に書かれている事柄を，そのことと関連する事項と共に説明する問題，⑨文中に説明されることがらについて言い替えたものの中で，正しいものを選ぶ問題，⑩文章中の主張を利用して，関連することがらの説明をする問題，⑪修飾語がかかっている文章を抜き出す問題，⑫抽象的に書かれた文章を，より具体的説明する文章の中で，適切なものを選び出す問題，⑬文章が示すことがらを言い替える文章を作るが，その際，（　）部分に適切なことがらを文章中の言葉から選んであてはめる問題，⑭文章から理解した考え方が生まれた理由について，説明してあるものの中で適切なものを選び出す問題，⑮筆者の行動にいたった出来事となったものの見方を読み取り，その説明を選び出す問題の約15種類があることがわかった。

　これらの問題を正しく解くために用いる読解の方法と，関連するメタ認知機能とを結びつけることによって，メタ認知機能を使った読解方略を構築することができると考えた。それを身につけることを指導の目的として設定することで，生徒の読解力が向上できると考えた。メタ認知機能の分析については，三宮（2008）のメタ認知分類と阿部（2010）のメタ認知尺度を用い，高校入試に出題される国語科の問題を解くために必要なメタ認知について分析をした。

　阿部（2010）が作成したメタ認知尺度は，「Metacognitive Awareness Inventoryを基に，成人用メタ認知尺度を作成し，その信頼性と因子的妥当性を検討するために因子分析を行っている。その結果，「メタ認知の下位尺度は「モニタリング」「コントロール」「メタ認知的知識」の3因子で構成されることが示され，第1因子の「モニタリング」は，課題遂行中から課題終了後まで課題に取り組んでいる「自分」を「もう一人の自分」が

客観的に振り返り，チェックと評価を通して省察的にモニタリングしている様子が伺える項目群」からなっていた。第2因子の「コントロール」は，図3で示した三宮（2008）の「課題遂行の各段階におけるメタ認知的活動」の遂行段階のメタ認知的モニタリング（課題の困難度を再評価・課題遂行や方略の点検・課題達成の予測と実際のズレを感知）と事後段階のメタ認知モニタリング（課題遂行前から課題遂行中の認知活度において，行きつ戻りつしながら課題達成のための計画や方略を修正する項目群）からなっていた。「この因子は，図3で示した三宮（2008）の「課題遂行の各段階におけるメタ認知的活動」の事前段階のコントロール（目標設定・計画・方略選択）と遂行段階のコントロール（目標修正・計画修正・方略変更）に対応する」と考えている。「第3因子の「メタ認知的知識」は，方略についての知識や人間についての知識そして課題についての知識に関する項目群からなっていた。

この因子は，Flavell（1979），Schraw & Moshman（1995）や三宮（1998, 2008）の「認知についての知識」というメタ認知的知識の概念と対応している」と阿部（2010）は述べている。

阿部（2010）のメタ認知尺度下位項目に基づき，入試問題を解く際に使う解法と思われるものと，入試問題を解く際に使うメタ認知機能と思われるものとの関係性について分析を行った。その結果を表7「入試問題の分析と解決に使う学力の関係」に示した。

ここからは「入試問題の分析と解決に使う学力の関係」について説明する。接続詞を正しく選択する問題では，まず生徒が読み取ったことを利用して仮の答えを導き，その上で別の答えの検討すること，知っていることとの関連性などを確認する。その上で確認したことを頭に置きながらもう一度問題文を読み返し，わかったことを絵や図表にまとめること，以前にうまくいったやり方を検討すること，重要事項に注意を向けること等して適切な選択肢を選ぶことが，正解を求める上で必要であると考えた。

本文の中から分かることを別の人が伝えるとき，その文の空欄部分に重要語句を正しく記入する問題を正解するには，まず重要な言葉に関連する

事柄について知っていることと比較したり，意味や重要性に注意を向けたりすることが大切である。それらに対応した言葉を知っている言葉の中から選び出すことができると考えた。

　抜けている文を文中の適切な場所にあてはめる問題では，文の前後の段落の関連性を理解して，問題文を読み返すことや絵や図をかくこと，重要事項に注意を向ける等の知識を活用して正解することができる答えを導き出すことができると考えた。

　指示語が指す文を見つける問題に正解するためには，文章から自分が理解したことを確認しながら，再度文章を読み返すこと，以前にうまくいった解答方法を用いたり，重要事項に意識的な注意を向けたりして，自分のもっている知識を活用するなどして正解を導き出すことができると考えた。

　文中に使ってある言葉の意味を説明することがらを，本文から抜き出す問題を正解するには，文中の言葉の意味と関連性する事柄を想像した上で，それを自分の言葉に置き換える。その中で，最も適切であると思われる言葉に注意を向けることで正解を導き出すことができると考えた。

　文章の言葉と自分の生活中で知っているできごととを結び，その例として文中の事柄を説明する問題を正解するには，文同士の関連性を理解した上で，重要語句を自分の生活の中の言葉に置き換えることや，自分の知っている事柄と関連していることが文中にあるかどうかを確認し，意味や重要性の共通する部分に目を向けることで正解に導くことができると考えた。

　文章から分かる事柄を，知っている言葉の中から適切な言葉に言い替える問題を正解するには，まず段落相互の関連性を理解し，主張していることを自分の言葉に置き換える。その上で，自分の知っている言葉と関連しているかどうか判断し，意味や重要性に目を向け言葉を置き換えることで正解を導き出すことができると考えた。

　文章に書かれている事柄を，そのことと関連する事項と共に説明する問題を正解するには，文章から理解したことを要約する際，自分の言葉に置

き換えることや自分の知っていることと関連しているかどうか見極める。その上で，意味や重要性に目を向け，絵や図表を描きながら関連する事柄を言葉にすることで正解を導き出すことができると考えた。

　文中に説明される事柄について言い替えたものの中で，正しいものを選ぶ問題を正解するには，まず，説明されている事柄の関連性を理解し，自分の知っていることと関連していないかどうか説明してある事柄の意味や重要性に目を向ける。それと自分の知識を対比させ，重要であると思われる事柄を選択することで正解を導き出すことができると考えた。

　文章中の主張を利用して，関連する事柄の説明をする問題を正解するには，主張同士の関連性を理解し，文章を自分の言葉で要約する。その事柄を自分の知っていることと関連させて意味や重要性のつながる事柄として説明することで正解を導き出すことができると考えた。

　修飾語がかかっている文章を抜き出す問題を正解するには，自分の理解したことが説明していると思われる場所を検討し，修飾語が示す箇所を探すことで正解を導き出すことができると考えた。

　抽象的に書かれた文章を，より具体的説明する文章の中で，適切なものを選び出す問題を正解するには，自分の理解できている内容をまとめ，それを自分の知っている別の言葉で説明をし直す。すると，関連のある事柄と理解できた事柄を結び付ける言葉が見つかり，適切であるものを選択することができる。また，別の答えも検討し，自分の知っていることと関連していないか，言葉の意味について再検討することで正解を導き出すことができると考えた。

　文章が示す事柄を言い替える文章を作るが，その際，（　）部分に適切な事柄を文章から選んであてはめる問題を正解するには，関連する事柄を説明するために使う語句を自分の知っていることの中から見つけることで正解を導き出すことができると考えた。

　文章から理解した考え方が生まれた理由について，説明してあるものの中で適切なものを選び出す問題を正解するには，まずは各段落の主張を要約する。次に段落同士の関連性を理解すると共に，別の答えも検討し，文

の内容を自分の知っている言葉に置き換える。その後に，ことばの関連性に着目し解答を選択することで正解を導き出すことができると考えた。

　筆者の行動にいたった出来事となったものの見方を読み取り，その説明を選び出す問題を正解するには，文章の中の事柄と筆者の関係性を理解し，その意味や重要性に目を向ける。また，絵や図表をかき，重要事項を探し出すことによって正解を導き出すことができると考えた。

　以上の高等学校入試問題の分析結果から，それを解くために用いるメタ認知のモニタリング機能とコントロール機能に関して表7にまとめた。

　小・中学校国語科授業では，単元を終了したときに評価のためのテストを実施することが多いが，出題の際に，学習した文章の大体の流れを記憶しておけば解くことができる問題が多く出題されている。

　学校で行われる授業の中で児童生徒は，繰り返して行われる音読や教師からの質問によって，教材文の流れの大体を覚えている状態にある。この結果，授業中に記憶したことを思い出すことさえできれば，小学校で実施される国語科のテストは，初読で文章を理解する力とは違った力を使って得点を取ることができてしまう。また近年は，書店に行けば小・中学校で使用している教科書に準拠した単元毎のテスト予想問題が販売されており，出題される問題の傾向を簡単に手に入れることができる。そのため，このようなテスト問題をテスト前に解いておけばテストの得点を向上させる結果につながり，小・中学校での指導はメタ認知機能を活性化するためになるとは言いがたいものとなる可能性がある。

　ところが，入学試験や模擬テストに出題される問題文の文章は生徒にとって初読の文であり，その内容を理解するにはメタ認知機能であるモニタリングやコントロールの機能を駆使する必要があることがこの度の分析により導き出された。つまり，小・中学校段階の評価においても，人間の発達としてのメタ認知機能が育ってきつつあるものの，具体的にモニタリングやコントロールを機能させる評価がなされにくい状況にあることが伺えた。

　これらのことから，小・中学校段階からの学習指導の中に，メタ認知機

能の活性化と読解方略を身につける指導を展開することは生涯で役に立つ学力を保障することであり，入学試験・入社試験等にも対応する力を育む指導としても重要であると考えた。

　なお，表7の入試問題の分析と解決に使う学力の関係についての分析は，犬塚（2002）読解方略分類，三宮（2008）メタ認知分類，阿部（2010）メタ認知尺度を用いた。

表7．入試問題の分析と解決に使う学力の関係（説明文）

	問題のタイプ	問題を解くために必要な知識	方略	メタ
1	接続詞を選択する問題	文章の内容を理解し，段落相互の関係を見つめることで正しい接続詞を選ぶ。	構造注目	・モニタリング（自分理解・別の答えの検討） ・コントロール（知っていることとの関連・読み返す・絵や図表） ・メタ認知的知識（うまくいったやり方・重要事項に注意を向ける）
2	本文のから分かる事を別の人が伝えようとしたとき，その文の空欄部分に重要語句をあてはめる問題	文の意図を理解し，そのことを伝えようとする人が，どのような流れで意見を伝えているか判断することで，（　）内に適切な語句を本文から選んであてはめる。	要点の把握コントロール	・モニタリング（重要な関連性理解） ・コントロール（知っていることとの関連・意味や重要性に注意を向ける） ・メタ認知知識（重要事項に注意を向ける）
3	抜けている文を当てはめる場所を決める問題	段落毎の主張を理解し，主張のタイプの変化を知ることで，抜けた文章が入る適切な場所を特定する。	要点把握コントロール	・モニタリング（関連性を理解） ・コントロール（読み返す・絵や図をかく） ・メタ認知知識（重要事項に注意を向ける）
4	指示語が指す文を見つける問題	問題が示す指示語が書かれた文章から分かることがらを検討することで，それが示した文中の言葉を決める。	構造注目知識	・モニタリング（自分の理解を確認する） ・コントロール（読み返す） ・メタ認知知識（うまくいった方法・重要事項に意識的な注意を向ける）
5	文中の言葉の意味を説明することがらを，本文から抜き出す問題	知っている言葉の知識と，本文を読んで理解した内容とを比べることで，同じ内容の言葉を選ぶ。	知識意味明確化	・モニタリング（関連性を理解） ・コントロール（自分の言葉に置き換える） ・メタ認知知識（重要事項に注意を向ける）

6	文章の言葉と自分の生活のできごとを結び，例として説明する問題	文章を読んで推察した分かることと，自分の生活の中で起きる出来事を比較することで，それらの共通点を想像する。	要点把握質問生成	・モニタリング（関連性を理解） ・コントロール（自分の言葉に置き換える・自分の知っていることと関連していないか・意味や重要性に目を向ける） ・メタ認知知識
7	文章から分かることがらを，知っている言葉の中から象徴的な言葉に言い替える問題	読解して分かった文章の内容と，その状況を説明するためにふさわしい言葉を自分の知識から選択することで，言葉の言いかえをする。	要点把握・意味明確化・関係性把握	・モニタリング（関連性を理解） ・コントロール（自分の言葉に置き換える・自分の知っていることと関連していないか・意味や重要性に目を向ける） ・メタ認知知識（重要事項に注意を向ける）
8	文章に書かれていることがらを，そのことと関連する事項と共に説明する問題	文章に書かれた内容を理解することで要点を把握する。そのことと自分の生活を関連付けることで，適切に状況を説明する。	意味明確化・質問生成・関係性把握	・モニタリング（自分の理解を確認する） ・コントロール（自分の言葉に置き換える・自分の知っていることと関連していないか・意味や重要性に目を向ける・絵や図表を描く） ・メタ認知知識（重要事項に注意を向ける）
9	文中に説明されることがらについて言い替えたものの中で，正しいものを選ぶ問題	文章に書かれた内容を理解することで要点を把握する。そのことと同じ内容の文章を結び付けることで，もっとも適切なものを選択する。	要点把握既有知識活用	・モニタリング（関連性を理解） ・コントロール（自分の知っていることと関連していないか・意味や重要性に目を向ける） ・メタ認知知識（重要事項に目を向ける）
10	文章中の主張を利用して，関連することがらの説明をする問題	文章の要点を把握することによって作者の主張を理解する。作者の伝えようとしている主張を自分の言葉の知識から簡潔な言葉に言い替えることで，正しい説明をする。	要点把握既有知識活用	・モニタリング（関連性を理解） ・コントロール（自分の言葉に置き換える・自分の知っていることと関連していないか・意味や重要性に目を向ける） ・メタ認知知識（重要事項に目を向ける・）
11	修飾語がかかっている文章を抜き出す問題	修飾語が使われている文章全体を理解し，本文の中でそのことが示されている文章を抜き出す。	構造注目既有知識活用	・モニタリング（自分の理解を確認する） ・コントロール（自分の言葉に置き換える）・メタ認知知識（重要事項に目を向ける）

12	抽象的に書かれた文章を，より具体的に説明する文章の中で，適切なものを選び出す問題	読解することで要点を理解した上で，事実と理由と主張の関係を把握する。主張をより具体的にすることで，もっとも適切な文章を選択する。	要点把握構造注目意味明確化コントロール	・モニタリング（自分の理解を確認する・関連性を理解・別の答えも検討） ・コントロール（自分の言葉に置き換える・自分の知っていることと関連していないか・意味や重要性に目を向ける） ・メタ認知知識（重要事項に目を向ける）
13	文章が示すことがらを言い替える文章を作るが，その際，（　）部分に適切なことがらを文章から選んであてはめる問題	文章が示す意味を理解し，知っている言葉の知識から正しい表現のものを選ぶ。	要点把握知識	×
14	文章から理解した考え方が生まれた理由について，説明してあるものの中で適切なものを選び出す問題	読解することで要点を理解した上で，事実と理由と主張の関係を把握する。主張部分の背景を適切に自分で言い替えることで，その説明にあう文章を選択する。	要点把握・構造注目・意味明確化・コントロール・既有知識活用	・モニタリング（関連性を理解・別の答えも検討） ・コントロール（自分の言葉に置き換える・自分の知っていることと関連していないか・意味や重要性に目を向ける） ・メタ認知知識（重要事項に目を向ける）
15	筆者の行動にいたった出来事となったものの見方を読み取り，その説明を選び出す問題	読解することで，事実と理由と主張の論じ方を把握する。その上で作者の人となりを考慮しつつ，主張に至った根拠を把握することで，その説明にふさわしいものを選択する。	要点把握構造注目意味明確化コントロール	・モニタリング（関係性の理解） ・コントロール（意味や重要性に目を向ける・絵や図表をかく） ・メタ認知知識（重要事項に目を向ける）

　これらの問題文を分析した結果から，高校入試問題15項目の中で入試問題を解くために用いるメタ認知機能には，共通する機能が多く含まれていることに気がついた。また，問題文の中にも共通する解法を用いるケースが多く含まれていることがわかった。そこで，共通する部分をまとめた上で学習指導をすることが必要であると考えた。これは，研究1のテスト得点が上がらなかった理由を分析する中で，指導したことを用いることができる評価の問題を作成することが重要であると考えたからである。

　高校入学試験で出題される国語科の読解問題の傾向からわかったことを

利用し，説明文読解の問題を正確に解くために必要なメタ認知機能を活性化することができるのではないだろうか。そこで，高校入試の試験問題を解くために必要なメタ認知機能の分析（表7参照）を行った上で，それに対応する問題を作成した。

　まず，入試問題の出題傾向から共通する質問項目をまとめると，問題を解くために必要なメタと教材の関連として問われている事柄から問題を7項目に絞ることができた。それを基にして，文章問題が問う内容を7つに絞った。それは，1適切な接続詞を選ぶ問い，2文中の言葉を使った意図を探る問い，3作者の説明の仕方に合致する言葉を探る問い，4文中に使われる言葉と関連する事柄を結ぶ問い，5文の内容を言い換える為に使う言葉を選択する問い，6事実と根拠を区別し作者の文の構成を読む問い，7この段落の作者の主張を要約する問い，以上である。

　これらの問いを解くために必要なメタ認知との関連について分析した結果，高校入学試験国語科の文章理解の問題を解くために必要なメタ認知機能は，表8「問題を解くために必要なメタと教材の関連」が示すように，モニタリング＋メタ認知的知識のメタ認知機能，モニタリング＋コントロール＋予想のメタ認知機能，モニタリング・コントロールのメタ認知機能に区別することができた。この学習に必要なメタ認知機能と児童生徒に指導する教材及び読解指導の方法を関連させた指導を構築することができれば，有効に学習効果を高めることができ，生徒の読解力向上につながると考えた。

　以上のことから本研究に用いるテスト問題は，光村図書の教科書に掲載された説明文を利用し，高等学校入学試験国語科の問題を解くために使うメタ認知機能と関連させた読解テストの問題として自作することにした。

問題番号・内容	1 適切な接続詞を選ぶ	2 文中の言葉を使った意図探る	3 作者の説明の仕方に合致する言葉を探る	4 文中に使われる言葉と関連する事柄を結ぶ	5 文の内容を言い換える為に使う言葉を選択	6 事実と根拠を区別し作者の文の構成を読む	7 この段落の作者の主張を要約する
4年 「動いて，考えて，動く」	①過去の経験を生かし，段落相互の関係から設定された接続詞の妥当性を検討する。(モニタリング○) ②段落同士の関係性に注意を向けている。(メタ認知的知識◎)	①書いてあったことに対し，方略を用いて要約する。(モニタリング・コントロール・予想○) ②言葉と文章内容が関連するか繰り返し振り返っている。(モニタリング・コントロール・予想)	①過去の経験を生かし，文中重要な言葉を意識して問題文を読む。(メタ認知知識) ②自分の知っている言葉に置き換えながら，読み取った状況を比較する。(モニタリング・コントロール◎)	①書いてあったことに対し，方略を用いて要約する。(モニタリング○) ②要約した内容の中の重要な言葉を，自分の知っている言葉に置き換えてみることによって状況を比較する。(モニタリング・コントロール◎)	①記述された問題の出題方法を，過去の出題と比較し明確にする。(メタ認知知識) ②要約をしながら内容を読む。(モニタリング・コントロール○) 文中の情報を自分の言葉に置き換える。(モニタリング・コントロール◎)	①方略を用いて図や表を書き，文の構造を把握する。(モニタリング・コントロール) ②作成した構成要素図から，選択肢の中で最も適切なものを選ぶ。(モニタリング・コントロール◎)	①方略を用いて事実と主張を読み分け，主張の要約をする。(モニタリング・コントロール◎) ②序論・本論・結論の3段落構成で要旨を自分の言葉に換える。(モニタリング・コントロール)
5年 「生き物は円柱形」	同上	同上	同上	同上	同上	同上	同上
6年「感情」	同上	同上	同上	同上	同上	同上	同上

表9．学習のステップ

1		言葉の知識を活用しよう	ステップ1
	①	題名を読んで知っていることがあれば想像しよう。	
		読むときの目標を理解しよう。	
	②	つぶやき読みで読みながら考えよう。	
		題に関係のある**主語**（だれが・何が）と**述語**（文の最後にある言葉）を読もう。	
		作品にはできごとや場面の情景を表す**事実部分**と，作者や登場人物の思**いを表現**する部分があります。	
		意味のよくわからない言葉は辞書で調べましょう。	
	③	要約文を書いてみよう。	
		事実や主張を入れて**要約文**を書きます。そのときの**主語**は登場人物や作者です。	
		要約文を読み直して，**はじめ**（意見や事実）→**中**（その理由）→**結論**という順で書いてあるか確認する。	
		友だちに，なぜそのような要約文を書いたのか説明してみよう。	
2		自分の知識や経験・思いと比べながら読もう。（手引きを使って）	ステップ2
	①	次の段落からもこれまでと同じように主張や心情の変化の要約をくり返しながら，筆者の主張部分を**あなたの知っている言葉に変えて説明**しよう。	
		先生に要約したことを説明しよう。	
3		作者・著者の論じ方（文章の構造）から学ぼう	ステップ3
	①	段落ごとに理解した内容をキーワードで短く書き，並べてみよう。	
		どのようにして筆者が伝えたいことを説明しようとしているか考えよう。	
		作者の説明の仕方を理解し，**自分の文を書く経験**と比べてみよう。	
	②	作者が，どのように作品の主張をしたか整理してみよう。	
		全文を読み，文の前後の関係を整理する（同じ内容か異なる内容か。）	
		構造（事実　具体例　主張　思い等の並べ方）を考え，作者・筆者の論じ方を理解しよう。	
		作品が主張することから作者・著者・登場人物の**人間性**を考えてみよう。	

第3章
研究2「メタ認知活動を活性化するための学習段階
（言葉に関する知識を活用する・自分の知識を活用する・文
の構造を理解することを活用する）を設定して」

3.1.　目的

　研究1では，生徒の読解方略の理解が促進することを確認することができたが，読解テスト得点，メタ認知のモニタリング得点，コントロール得点，反省的モニタリング得点のいずれにも有意な変化はみられず，メタ認知訓練との関係を明らかにすることができなかった。そこで，教材や指導過程，指導計画を前述のように改善し，読解方略使用とメタ認知機能の活性化する授業の効果を，再度検証する。

3.2.　方法

対象者：広島県内の中学1年生8名・中学2年生7名・中学3年生10名，合計25名を分析の対象とした。
教　材：光村図書　国語科小学校6年教科書（平成23年～平成26年使用）茂木　健一郎著「感情」を読解の教材として用いた。
学習の手続：授業時間を全4単位時間で設定した。1日分の授業時間数は1単位時間を45分間と設定し，2単位時間を指導した。この指導を2日間行った。研究の評価方法については，読解力診断として自作の読解テストを作成した。また，メタ認知の活性化診断にはメタ認知尺度吉野（2008），読解方略の評価には，佐藤・新井（1998）学習方略使用尺度を用いた。メタ認知機能及び学習方略の評価に関しては，それぞれを中学生用に改変し，

予備調査と同様に，授業の前後の変化を測定し，評価を行った。

授業改善策：実際の授業の展開は，メタ認知機能を活性化し，且つ読解方略の理解を促進させるための学習のステップ（表9参照）として，新たに学習の段階を作成した。それぞれのステップは，高校入試問題を分析した結果から，メタ認知モニタリング＋メタ認知的知識を高める段階としてステップ1の言葉の知識を活用する段階，メタ認知モニタリング＋コントロール＋予想と高める段階としてステップ2の自分の知識や経験，思いと比べながら読む段階，モニタリング・コントロールを高める段階としてステップ3の作者・著者の論じ方から学ぶ段階を設定した。

　先行研究である清川・犬塚（2003）の授業では，指導の際に課題遂行役（読解）とモニタリング役（評価）を教師と生徒が交代して読み進めるという学習活動が設定してあった。本研究の授業は，指導を教師1名が行い，その場に生徒が7名〜10名程度がいる状況であることから，課題遂行役とモニタリング役の交代は行わないことについては研究1と同じである。指導方法の更なる改善策として，生徒の学習意欲を向上させる手段に，生徒一人一人のよさを認める場と生徒と教師の対話する機会を多く設けることにした。

　ステップ1では，生徒の学習経験を生かし，文中の重要な言葉を意識して説明文を読むこと（メタ認知知識の獲得）を目的にして，次のような学習内容を設定した。①題名を読んで知っていることがあれば想像すること，②読むときの目標を理解すること，③つぶやき読み（小さい声を出して文章を読む）をして，説明文に書かれた題に関係のある文章の中の「主語と述語」の関係に気を配りながら読み進めること，④事実と情景・状況の説明の書いてある文，作者や登場人物の主張が書いてある文，作者や登場人物の思いが表現されている文の区別をつけながら読むこと，⑤難しい言葉の意味を辞書で調べること，⑥作品の主張することが書いてある文章に線を引くことの6つである。

　ステップ2では，主張や心情の変化の部分を見つけながら，筆者の主張部分の中で重要な言葉を生徒の知っている言葉に変えて説明する学習や，要約した内容について教師に説明する学習を主に行うこととした。これは，自分の知っている言葉に置き換えながら読み取った状況を比較するこ

と（モニタリング・コントロール）や，要約した内容の中の重要な言葉を，自分の知っている言葉に置き換えてみることによって状況を比較すること（モニタリング・コントロール）の練習になる。この段階での自分の知っている事柄との対比や思いの表出が，高校入試国語科の問題を解く際に用いられる無意識的なメタ認知の機能を使用するものと思われる。

　ステップ3では，段落ごとに理解した内容をキーワードで付箋紙に書き，並べること。どのようにして筆者が伝えたいことを説明しようとしているか考えること，作者の説明の仕方と生徒が文を書く時の説明の仕方を比べてみること，作者がどのように作品の主張をしたか整理してみること，文の前後の関係を整理すること（同じ内容なのか異なる内容なのか等），構造（事実　具体例　主張　思い等の並べ方）を考え，作者・筆者の論じ方を理解すること，作品が主張することから作者・著者・登場人物の人間性を考えてみること等を設定した。これは，生徒の理解の状況に応じ取り組む課題を選択することができるようにしておくことで，生徒のメタ認知機能を更に活性化することができるようにするための学習である。この段階からの生徒に対する教師からの評価は，学習の進捗状況が遅い生徒に指導の中心が偏る可能性があるために，学習のステップが進んだ生徒は，生徒同士で自分たちの学びを交流することができるようにした。

評価方法：研究授業前後に行った自作の読解テストは，吉野（2008）の因子構造を参考に，モニタリング＋メタ認知的知識，モニタリング＋コントロール＋予想，モニタリング・コントロールを必要とする3種類の下位問題（以下それぞれモニタリング＋メタ認知的知識下位問題，モニタリング＋コントロール＋予想下位問題，モニタリング・コントロール下位問題）からなるものとし，これらメタ認知機能を伸ばすために学習のステップを経ることによって，読解問題を解く際に用いるメタ認知の力である，問題をモニタリング＋メタ認知的知識のメタ認知機能，モニタリング＋コントロール＋予想のメタ認知機能，モニタリング・コントロールを伸ばすことができるようにした。

　以下に研究2において授業に用いた学習指導案及び事前・事後テストを参考資料として示した。

表10. 国語科学習指導案

中学校第1～3学年
平成27年8月・9月　第7・8校時　　　　　　井上研究室　　指導者　片岡　実

単元名	「感情」光村出版小学校国語科6年生教科書教材　茂木健一郎著		
指導上の立場	○児童の実態 　国語の読み取り教材に対し，理解の程度が異なる。受験勉強に取り組んでいる。 ○単元について 　学習指導要領国語科　小学校4年生の読むことに関する目標は次の通りである。 ア　内容の中心や場面の様子がよく分かるように音読すること。 イ　目的に応じて，中心となる語や文をとらえて段落相互の関係や事実と意見との関係を考え，文章を読むこと。 ウ　場面の移り変わりに注意しながら，登場人物の性格や気持ちの変化，情景などについて，叙述を基に想像して読むこと。 エ　目的や必要に応じて，文章の要点や細かい点に注意しながら読み，文章などを引用したり要約したりすること。 オ　文章を読んで考えたことを発表し合い，一人一人の感じ方について違いのあることに気付くこと。 　学習指導要領国語科中学校3年生の読むことに関する目標は次の通りである。 ア　文脈の中における語句の効果的な使い方など，表現上の工夫に注意して読むこと。 イ　文章の論理の展開の仕方，場面や登場人物の設定の仕方をとらえ，内容の理解に役立てること。 ウ　文章を読み比べるなどして，構成や展開，表現の仕方について評価すること。 エ　文章を読んで人間，社会，自然などについて考え，自分の意見をもつこと。 オ　目的に応じて本や文章などを読み，知識を広げたり，自分の考えを深めたりすること。 　これらの指導項目の中で共通する事柄として，言葉に関する理解・場面の移り変わり・段落の構成と展開・自分の知識や経験との比較が挙げられている。そこで，小学校の教材と中学校の教材，さらに大人向けの文章を比較することで文章を読んでいた際に使う方略は共通であることを認識することができればと考えている。 ○本教材（単元）で工夫する点と手立て ・学習の手引きをもとに学習意欲を持たせる。体験活動として考えておく。 ・個別学習と共同的な学習を組み合わせて行うことで，より豊かな学習環境を育む。		
目　標	①　学習の手引きを活用し，文に書かれている内容をつかもうとする。 　　　　　　　　　　　　　　　　　　　　　　　　　　（関心・意欲・態度） ②　目的に応じて，中心となる語や文をとらえて段落相互の関係や事実と意見との関係を考え，文章を読もうとする。（読む能力） ③　目的や必要に応じて，文章の要点や細かい点に注意しながら読み，文章などを引用したり要約したりする。（読む能力）		
単元の評価規準	関心・意欲・態度	書く能力	言語事項
	○分かったことや感じたことを積極的に話し，読解方略を用いて文章を読み進めることができる。	○主語と述語の関係を読み，内容が示すことを理解すると共に，筆者が主張している部分に線を引くことができる。その部分の事柄について教師の質問に答えることができる。	○三つの文章を正確に理解し，「内容を要約する」方法について理解できるようにする。

64

指導と評価の計画（全6時間）							
次	時	過程	学習内容	評価			
				関心	読む	言語	ステップ
一	1	知る	読解の意義を理解する。アンケートに答える。「感情」について知っていることを話すことができる。		(1)ア		ステップ1・2
二	1 2	読み取る ペアで話す	第1段落から順に作者が伝えようとしている事柄に線を引く。なぜ，その部分に線を引いたかを説明することができる。説明することで文章理解が深まっていることを確認する。「読解遂行役」と「質問役」の学習の仕方を理解する。		(1)ア (1)イ		ステップ1 ステップ1・2
			「読解遂行役」と「質問役」に分かれ，読み取り練習をする。5・6・段落では要約文を書き，文章の校正をする。			ウエオ	ステップ2・3
三	1	まとめ	読解テストとアンケートに答える。				評価

本 時 案 （第二次の第2時）

目　標（読む能力）それぞれの主張部分の関係を理解することができる。	第一段落：なぜ，わたしたちには不安や後悔などの，楽しさを損なう感情があるのかを問う。 第二段落：不安や後悔などの感情も，生きる上で役に立つ。 第三段落：不安を感じた結果，生き残ることができた先祖がいた。 第四段落：後悔は，よりよく対応するのに役に立ちます。 第5・6段落：要約文を書く。

学習活動	指導内容と読み取ることが困難な児童への指導の手立て	ステップ（役割）と評価
0　ウオーミングアップ	人間関係作り遊び（感情について生徒同士で話す。）	○主張と述語の関係を理解する。（プリントの□に合う言葉を入れることができる。）
1　本時課題を確認する。	主語と述語の関係を示すことができるように，絵を描いて説明をする。	ステップ1　つぶやき読み・重要語句の意味調べ
主語と述語の関係を把握し，作者の主張と事実の部分を読み分けよう。要約文を書こう。		
2　第一段落を読み，主張部分について質問を受ける。		（主張部分に線を引く。）（そこへ線を引いた理由を聞く。）
3　第2段落を読み，主張部分について説明する。	説明文は，作者が事実と感じたことを書くことで読者に伝えたい事柄をまとめた文章であることを確認する。問いの文章からわかることを確認する。	楽しさと他の感情を比べながら文章を読み，自分の経験と比べながら理解を深めるよう指示する。先祖が生きていることの意味を理解する。
4　第3・4段落を読み，主張部分について説明し，内容の理解を深くする。	興味を引こうとする作用・作者が読者に意図的に使う。	読解→生徒，質問→生徒
5　第5段落で作者が主張したことを説明する。	楽しさを損なう感情の意義を知る。	
6　第6段落を要約する。	生きる上での効果として生命を守る働きや失敗を生かすはたらきに着目する。先祖はいなくなり，そのような感情は残らなかったはずですという文章から考える。	6段落の主張をノートに書く。◎生徒のよくなった点を肯定的に，具体的に褒める。
7　指導者が伝える今日のよかった点を聞く。	不安や後悔があることの意義自分の生活の中でのことを思い出す。	

65

にくたっとなることなく、広いかたちを保っているのである。

円柱形は強いだけでなく、速い形でもある。ミミズが円柱形をしているのは、土の中を進んでいくときに抵抗が少なく、楽に速く進めるからである。時速百キロメートルもスピードで泳ぐマグロは、円柱形の胴体で、前えと後ろが少し細くなっている。高速で進むものの場合は、このように円柱形の前後が細くとがった形になると、抵抗が更に小さくなる。

円柱形は強い。円柱形は速い。④だからこそ、生き物の体の基本となっているといっていいだろう。

生き物は実に多様である。長い進化の時間をかけて、それぞれが独自の多様な大きさや形を獲得してきた。そのことを思うと、⑤あらゆる生き物に対して、「ああ、こんな生き方をしている生き物もいるのだ。」と、その多様さを知ることはても面白い。それと同時に、多様なものの中から共通性を見出し、なぜ同じなのかを考えることも、実に面白い。

るからこそ、私たちの暮らしはにぎやかで豊かなのだ。⑥、⑦気持ちすらいだかずにはいられない。そうゆう多様な生き物にかこまれているのでしょうか。そのことを説明している文で適切なものを次の中から選び正しい記号を③に記入しなさい。

（２）──線部①「それをここでは円柱形と見なすことにしよう。」とありますが、筆者は、ごつごつやでこぼこをどのように見ると考えているのでしょうか。そのことを説明している文で適切なものを次の中から選び正しい記号を③に記入しなさい。

① ごつごつやでこぼこを不自然なものと考えて、より自然に見ていくという考え方から用いている。
② ごつごつやでこぼこを必要のないものと考えて、必要なものだけを残して見るという考え方から用いている。
③ ごつごつやでこぼこを現象的世界にとらえ、生活にあった考え方から用いている。
④ ごつごつやでこぼこをなだらかなものととらえ、全体的に流れる面として見ている考え方から用いている。

（１）これにあてはまるものとして、最も適切なものを次からそれぞれ一つずつ選びなさい。解答番号Aは 1 ・Bは 2 に記入する。

① たとえば　　②しかし　　③しかも　　④なぜなら　　⑤つまり

（３）──線部②「チョウは円柱形ではないぞ、木の葉も違うじゃないかと」とありますが、この段落で「平たいこと」の有効性をどのようにして説明していますか。その説明のしかたで正しいものを選び記号で答えなさい。解答は 4 に記入しなさい。

① チョウの羽の平たい理由は、うちわや扇子が平たいことと同じことである説明し、平たいもののよさについて更に説明している。
② 風を送るためには面積が広くなければならないことと、光を多く受けるためには面積が広くなくてはいけないことを説明し、その後に円柱形がそれらの中にあることを説明している。

（68頁に続く）

66

研究2のテスト問題

本川　達雄　文　　平田　利之　絵

事前テスト①・②

記号 ［　　　　　］

「生き物は円柱形」

　地球には、たくさんの、さまざまな生き物がいる。生き物の、最も生き物らしいところは、多様だというところだろう。よく見ると、その中に共通性がある。形の上での分かりやすい共通性は、「生き物は円柱形だ」という点だ。

　君の指を見てごらん。丸くてまっすぐに伸びた形だろう。ごつごつしていたり。でこぼこがあったりしても、①それをここでは円柱形と見なすことにしよう。このように見ると、うでもあしも、首も円柱形だし、胴体もほぼ円柱形といえる。「気をつけ」の姿勢をすれば、体全体が円柱形だと見ることもできる。

　ミミズやへびは、円柱形そのものだし、ウナギもそうだ。ネコやイヌのあしや胴体も、丸くて長い。

　木の幹や枝、草の茎は円柱形だ。円柱形が集まって、全体が作られている。

　もちろん例外もある。君たちも、読みながら考えたのではないだろうか。②チョウは円柱形ではないぞ、木の葉は違うじゃないかと。

　チョウの羽が平たいのには、うちわや扇子が平たいのと同じ理由がある。せんすは、とじたままではあおげない。よりたくさんの風を送るためには、広げて面積を大きくしたほうがいい。チョウも羽を広げると、チョウも円柱形の集まりだ。胴体は円柱形、触覚もあしも細い円柱形である。でも、広い羽をのぞけば、チョウは羽で空気をおして飛ぶ。たくさんの空気をおすために、面積を大きくする必要があるのだ。太陽の光より多く受けるため、葉を平たくすることで面積を大きくしている。でも、幹や枝は円柱形だし、木全体を見ると、先が細くなった円柱形だということもできる。

　仮に、生き物の基本が円柱形だとすると、それには理由があるに違いない。③円柱形だと、どんなことがいいことがあるのだろう。

　実験してみよう。新聞紙を一枚用意する。まずは、広げて立ててみる。くたっと曲がって立てられない。次に、丸めて円柱形にしてみる。では、丸めずに、四角く折って角柱にしてみたらどうだろう。これでも、ある程度は強くなる。しかし、どの方向から力を加えるかによって強さに違いがあるし、角の部分がへこみやすい。

　円柱形は、強い形なのである。外から少々の力が加わっても、そのかたちを保つことができる。これは生き物にとっても大変重要なことだ。

　実は、チョウの羽の中にも円柱形がしっかり入っている。羽をよく見ると、筋のようなものが見えるが、これが細い細い円柱形のし脈なのだ。これらの円柱形が中にあることで、チョウの羽や木の葉は、広げた新聞紙のよ木の葉も同様で、中に葉脈という円柱形の管が通っている。

67

③チョウの羽が平たい理由と、葉が平たくなっている理由は共通であることを説明し、最後に、その具体例を挙げて円柱形の不思議さについて述べている。

④チョウの羽が平たい理由と具体例、葉が平たい理由は共通であることを説明し、最後に例外の中にも全て円柱形から成り立っていることについて説明している。

(4) ──線部③「円柱形だと、どんなことがいいことがあるのだろう。」とありますが、それを確かめるために「実験」をしています。

筆者がこの実験によって説明したいことがらを二点書きなさい。

(5) ──線部⑤「あらゆる生き物に対してどのような気持ちを持った」と筆者は述べているのでしょうか。その説明として最も適切なものを二つ選びなさい。　解答番号 [6、7] に記入する。6はⅠから、7はⅡから選ぶこと。

Ⅰ　①恐れ、　②共存し　③学び、　④笑い、

Ⅱ　①信じる。　②敬う。　③高める。　④喜ぶ。

(6) ──線部⑤この文章の構造を説明した文の中で、もっとも適切な文はどれでしょうか。その説明のしかたで正しいものを選び記号で答えなさい。　解答は [8] に記入しなさい。

①生き物の体の形は円柱形であり、そのよさを、仮に立てた生き物の形に対する価値と、実験によって説明し、さらに理論の正当性を結論付けるという構造になっている。

②およそ生き物の体の形は円柱形であり、そのよさを、仮に立てた生き物の形に対する価値と、実験によって説明し、さらに理論の正当性を結論付けるという構造になっている。

③およそ生き物の体の形は円柱形であり、そのよさを、仮に立てた生き物の形に対する価値と、実験によって説明し、さらに理論の正当性を定義付けるという構造になっている。

④生き物と学びの可能性を定義付けるという構造になっている。生き物の体の形は円柱形であり、そのよさを、仮に立てた生き物の形に対する価値と、実験によって説明し、さらに理論の可能性を考察するという構造になっている。

(7) 最後の段落の要約文を完成させなさい。　[8]

68

事後読解テスト①

記号　□

一　「動いて、考えて、また動く」

高野　進　文

運動でも勉強でも、「まず動く、そして考える」ことが大切です。そうして何度も成功や失敗を繰り返しながら工夫を重ねると、きっと、自分にとって最高のものを実現できます。わたしは、かつて陸上四百メートル走の選手であり、今はコーチとして指導しています。最高の走り方をめざして取り組んできた長い経験から、そのように考えるようになりました。

わたしが走り方を工夫し始めたきっかけは、高校生のとき、当時取り組んでいた①走り方に疑問を感じたことでした。それは、「ひざを高く上げて」「あしを思い切り後ろにける」□　大きな動作で走るというものです。そうすれば、速く走れるといわれていたのです。「何かが違うのではないか。」と、悩み始めました。

わたしは、毎日毎日この練習を繰り返しました。けれども、この方法で四百メートルを走ると、苦しくて最後まで力が続かないのです。「ひざを高く上げて」「あしを思い切り後ろにける」□　大きな動作で走るのがよいとは限らないのだと思いました。

わたしは、少しでも楽に走れないものかと、別の走り方をあれこれ試してみました。あるとき、静岡県の記録会で試してみると、予想をはるかに上回るすばらしい結果が出ました。このとき、②必ずしも大きな動作で走るのがよいとは限らないのだと思いつきました。と思いつきました。

後から考えてわかったのですが、③それまでのわたしは、走るとき「ひざを高く引き上げる」「あしを高く上げる」ことばかりを考えすぎていました。たしかに、ひざを高く上げることは必要です。でも、それは地面をより強く踏むために必要なのであり、ただ高く上げることに意味があるわけではないのです。同じことは、地面を強く踏むことを意識して行なうことが大切なのだと気付きました。

もう一つの「あしを思い切り後ろにける」ことについては、それからしばらくして、別の発見をしました。あしを後ろにける動作で、体の下の方へ下ろしていく感じで走るとよいのです。走るときは、ついあしを後ろにけって、その力で前に進もうとしています。しかし、これではあしが後ろに残ってしまい、そのあしを前にもってくる分のむだが生じます。忍者がぴたあっと下り坂をかけ下りていくようなイメージで走ると、体のむだな動きがなくなり、すうっと進んでいけます。このことは、陸上を続けているとだれもが気付くことです。陸上では「うでで走れ。」という言葉があるほどです。ためしに両手を後ろに組んで数十メートル走ってみてください。この方が速く走れるという人はいないでしょう。これで足の動きと同時に、腕の振りも重要です。

は、着地するごとに肩が揺れてしまい、地面を強くふむことができません。右足あしを出したときに左うでを前に振る、左足を出したときに

（71頁に続く）

69

出した方の足と ┃ I ┃ の手を前に振ることで、体全体の安定がとれ、走ったときの腕の力を、┃ II ┃ 生かすことができるから。

I
　①同じ側
　②両方の
　③共通する
　④反対側

II
　①安定的に
　②完全に
　③有効に
　④慎重に

（6）───線部⑤「自分に合ったあしの動かし方や腕の振り方を考えました。」とありますが、その理由を筆者はどのように説明していますか。理由を説明する文章で最も適切なものを選びなさい。解答は ┃ 7 ┃ に記入しなさい。

　①人によって、経験してきた運動や失敗の経験、選手としての成績は違っている。だから、習ったことと学習したことを合わせて、疑問を出していくことがとても重要な方法です。何が良い走り方で、何がそうでないかは、コーチに聞いてしっかりと考えるしかないのです。

　②人によって、骨の長さや筋肉のつき方は違っている。だから、習ったことをなぞるだけなく、自分の身体的な特徴を考慮し、自分に合った走り方を見つけ出そうとすることが大切です。何がむだか、そうでないかは、自分で動いてみて発見するしかないのです。

　③人によって、骨の長さや筋肉のつき方は違っている。だから、あらゆる種目の競技を体験し、コーチに指導してもらうことで、自分に合った種目を見つけていくことが重要です。何がむだか、そうでないかは、動いて見て感じるしかないのです。

　④人によって、経験してきた運動や失敗の経験、選手としての成績、体つきは違っている。だから、より多くの競技会に参加し、速くはすることができると言われている方法を自分で試してみることがとても大切なことである。

（7）最後の段落の要約文を完成させなさい。 ┃ 8 ┃

70

事後読解テスト②─③

右腕を前に振るようにすれば、体全体のバランスが取れて、うでの力も使って力強く踏みつけることができるのです。

このように、いろいろ試しながら、自分に合ったあしの動かし方や腕の振り方を考えました。そうすることによって、自分にとって最高の走り方を見つけることができた気がします。人によって、骨の長さや筋肉のつき方は違います。ですから、習ったことをなぞるだけでは、自分に合った走り方を身につけることはできません。何がむだか、そうでないかは、自分で動いてみて発見するしかないのです。

こうした経験からみなさんに伝えたいことは、自分にとって最高のものを実現するためには、「まず動く、そして考える」ことが大切だということです。自分なりの工夫も発見も、そこから始まります。自分から積極的に動いてみましょう。そうして、成功や失敗を繰り返し、工夫を重ねていくことで、あなたにしかできない方法が、きっと見つかるはずです。

(1) ─ A ─ から ─ B ─ にあてはまるものとして、最も適切なものを次からそれぞれ一つずつ選びなさい。　解答番号Aは 1 ・Bは 2 に記入する。

①そこで　②しかし　③しかも　④なぜなら　⑤つまり

(2) ─線部① 「走り方に疑問を感じた」とありますが、文中にその気持ちを別の言葉で表現しています。最も適切な記号を次の七から選んで 3 に答えを記入してください。

①自分にとって最高のものを実現できます。
②何かが違うのではないか。」と、悩み始めました。
③毎日毎日この練習を繰り返しました。
④それからしばらくして、別の発見をしました。

(3) ─線部② 「必ずしも大きな動作で走るのがよいとは限らない」とありますが、その動きが原因で起こることを筆者は二文字で表現しています。その言葉を文中から抜き出しなさい。　解答番号は 3 に説明しなさい。

①最高　②必要　③発見　④忍者　⑤むだ

(4) ─線部③ 「それまでのわたしは、走るとき「ひざを高く引き上げる」ことばかりを考えすぎていました。」とありますが、この段落で述べられている「ひざを高く上げること」は、どのような走り方をすることが大切だと述べられていますか。 4 に説明しなさい。

(5) ─線部④ 「陸上では「うでで走れ。」という言葉がある理由を説明する文が次に書いてあります。文章の空欄にあてはまる最も適切な言葉を次からそれぞれ一つずつ選びなさい。　解答番号　Ⅰは 5 、Ⅱは 6 に記入しなさい。

71

3.3. 結果

3.3.1. テスト得点の変化
授業実施前後の読解テストの結果を表11に示した。

表11. 授業前後の読解テスト得点差比較

児童生徒	事前テスト	事後テスト	得点差
1	3	5	+2
2	6	9	+3
3	7	10	+3
4	7	9	+2
5	2	1	−1
6	9	9	0
7	3	8	+5
8	5	13	+8
9	10	13	+3
10	3	4	+1
11	2	3	+1
12	1	6	+5
13	7	7	0
14	7	10	+3
15	4	3	−1
16	9	8	−1
17	6	10	+4
18	9	12	+3
19	5	10	+5
20	5	8	+3
21	4	10	+6
22	5	12	+7
23	2	4	+2
24	4	10	+6
25	4	12	+8
平均	5.3	8.3	+3.08
SD	2.5	3.3	

　表11が示しているように，授業の後，授業に参加した生徒の80％に読解テストの得点に上昇が見られた。

72

　そこで，読解テストの成績を読解方略及びメタ認知の使用との関連で検討する必要があると考え，実験授業の前後に行なった読解テスト，メタ認知・読解方略の使用についてt検定を実施した。その結果を表12に示した。

表12. 実験授業の前後の読解テスト，メタ認知・読解方略の使用の変化

		事前	事後	t	p
テスト得点の変化					
モニタリング＋メタ認知的知識	M	2.1	3.1	3.16	.01
下位問題	SD	0.8	1.6		
モニタリング＋コントロール＋予想	M	0.4	0.7	2.87	.01
下位問題	SD	0.5	0.5		
モニタリング・コントロール	M	2.8	4.5	6.10	.001
下位問題	SD	4.5	2.0		
合計得点	M	5.3	8.3	5.64	.001
	SD	2.5	3.4		
メタ認知の変化					
コントロール	M	3.4	3.6	1.81	.09
	SD	0.8	0.7		
モニタリング	M	3.8	3.9	0.94	n.s.
	SD	0.7	0.7		
反省的モニタリング	M	3.4	3.5	0.87	n.s.
	SD	1.0	1.1		
学習方略の変化					
柔軟方略	M	3.2	3.5	3.86	.001
	SD	0.7	0.8		
プランニング方略	M	3.4	3.5	0.54	n.s.
	SD	0.8	0.9		
作業方略	M	3.7	3.8	1.20	n.s.
	SD	0.8	0.8		

　まず，読解テストについてみると，事後の得点が有意に高く（$t(24)$ =5.64, $p<.001$），実験授業の効果がみられた。そこで，読解テストの解答に必要と考えられる方略やメタ認知の種類で分類した下位問題ごとの得点についても，前後の変化を検定した。その結果，モニタリング＋メタ認知的知識下位問題（$t(24)=3.16$, $p <.01$），モニタリング・コントロール問題

（$t(24)$=6.10，p<.001），モニタリング＋コントロール＋予想下位問題（$t(24)$=2.87，p<.01）のいずれでも，事後の得点が高く，実験授業の効果があることが明らかになった。

　次に，読解方略使用についてみると，柔軟方略で有意な差がみられ（$t(24)$=3.86，p<.001），事後の柔軟方略使用が高くなっていた。すなわち，柔軟方略は，実験授業によって，より使用するようになったと評価された。しかし，プランニング方略，作業方略ではこのような差はみられなかった。また，メタ認知についてみると，コントロールで事後の方が高い傾向がみられ（$t(24)$=1.81，p<.08），実験授業によって，よりコントロールできるようになった。しかし，モニタリング，反省的モニタリングでは，このような差はみられなかった。

　これらの結果から，メタ認知機能のモニタリングとコントロールを必要とすると考えた読解問題の下位問題の得点および合計得点に上昇が見られた他，メタ認知機能であるコントロールの使用も高まっており，実験授業の指導効果がある程度確認された。

　しかし，関連するメタ認知機能のモニタリングに得点の上昇が見られなかったことは，今後さらに検討する必要があると判断した。

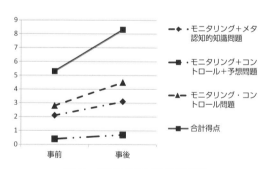

図5．読解テスト得点の変化

74

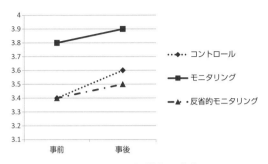

図6．メタ認知機能の変化

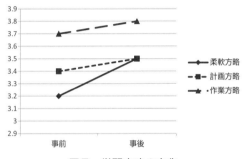

図7．学習方略の変化

3.3.2 方略の変化

　そこで，読解に必要な方略やメタ認知の使用についてさらに詳細に分析を行っていった。まず，読解テストの前後の差得点を下位問題ごとに求め，それぞれの平均を基に，伸びが大きい生徒をH群，伸びが小さい生徒をL群とし，H群とL群（モニタリング＋メタ認知的知識下位問題H群16名，L群9名；モニタリング・コントロール下位問題H群13名，L群12名；モニタリング＋コントロール＋予想下位問題H群9名，L群16名）でメタ認知と学習方略の使用の変化得点に違いがあるかを検討した。

　尚，t検定に用いた変数は次のような名称を使用した。事前読解テストメタ問題の得点（QAメタ），事前読解テストメタ予想問題の得点（QA予想），事前読解テストモニタリング問題のテスト得点（QAモニ），事前読解テストの総得点（QA合計），事前メタ認知使用尺度コントロールの項目（MA

コン）、事前メタ認知使用尺度モニタリングの項目（MAモニ）、事前メタ認知使用尺度反省の項目（MA反省）、事前読解方略使用尺度柔軟の項目（SA柔軟）、事前読解方略使用尺度計画の項目（SA計画）、事前読解方略使用尺度作業の項目（SA作業）、事後読解テストメタ問題の得点（QBメタ）、事後読解テストメタ予想問題の得点（QB予想）、事後読解テストメタモニタリング問題の得点（QBモニ）、事後読解テストメタ問題の総得点（QB合計）、事後メタ認知使用尺度コントロールの項目（MBコン）、事後メタ認知使用尺度モニタリングの項目（MBモニ）、事後メタ認知使用尺度反省の項目（MB反省）、事後読解方略使用尺度柔軟の項目（SB柔軟）、事後読解方略使用尺度計画の項目（SB計画）、事後読解方略使用尺度作業の項目（SB作業）、及び、事前と事後の読解テスト差得点のメタ問題（DQメタ差）、事前と事後の読解テスト差得点の予想問題（DQ予想差）、事前と事後の読解テスト差得点のモニタリング問題（DQモニ差）、事前と事後の読解テスト差得点の合計得点（DQ合計差）、事前と事後のメタ認知使用尺度コントロール項目差（DMコン差）、事前と事後のメタ認知使用尺度モニタリングの項目差（DMモニ差）、事前と事後のメタ認知使用尺度反省の項目差（DM反省差）、事前と事後の読解方略使用尺度柔軟の項目差（DS柔軟差）、事前と事後の読解方略使用尺度計画の項目差（DS計画差）、事前と事後の読解方略使用尺度作業の項目差（DS作業差）である。各調査項目におけるテスト結果の度数分布を以下に示す。

研究2に関する資料「テスト結果における度数分布」

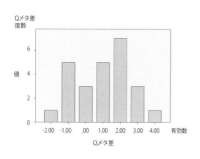

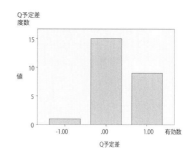

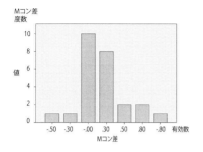

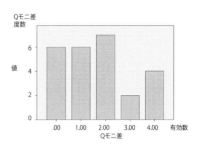

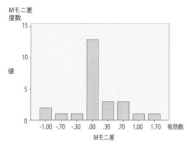

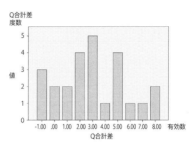

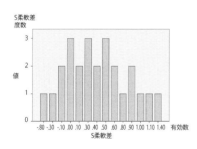

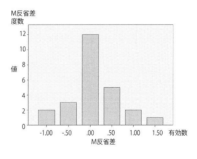

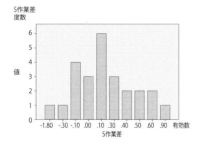

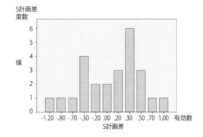

モニタリング＋メタ認知的知識下位問題の読解に必要な方略の使用について分析した結果を表13に示した。H群の方がL群よりも事後の作業方略使用得点（$t(22.8)=1.92$, $p<.07$），柔軟方略使用得点（$t(23)=1.76$, $p<.10$），プランニング方略使用得点（$t(23)=2.10$, $p<.05$）が低く，読解テストの得点を上げることに関して使用すると考えた方略を生徒が使わなくなっていた。これは，読解テストのモニタリング＋メタ認知的知識を使う問題を解く際に得点の高かった生徒は，使用しているはずの３つの方略について，用いていると意識していなかったということである。裏返して言えば，L群の生徒たちはこの方略を使っていたことを意識していたことになる。方略を使っていたと意識した生徒の方の成績が低かったという点については，今後検討していく必要がある。しかし，モニタリング・コントロール下位問題とモニタリング＋コントロール＋予想下位問題のH群とL群にはこのような差はみられなかった。これらのことから読解テストの問題文についても検証を行っていく必要があると考えた。

表13. モニタリング＋メタ認知的知識下位問題の読解に必要な方略の使用について

テスト得点の変化	M	SD	M	SD	t	p
	H群		L群			
事後読解テストメタ問題得点	2.6	1.7	4.0	1.0	2.67	.013
事後読解問題合計得点	4.0	1.0	9.9	2.6	1.88	.073
事後読解方略柔軟使用得点	3.4	0.9	3.9	0.6	1.76	.092
事後読解方略計画使用得点	3.9	0.6	4.0	0.6	2.10	.047
事後読解方略作業使用得点	3.2	1.0	4.2	0.7	1.92	.067
事前事後読解テストメタ問題差得点	0.5	1.5	1.9	1.3	2.29	.032
事前事後読解テストモニタリング問題差得点	1.3	1.4	2.3	1.1	1.87	.074
事前事後読解テスト合計差得点	2.1	2.5	4.7	2.1	2.62	.015
事前事後読解方略柔軟方略使用差	0.2	0.4	0.8	0.4	3.55	.002

次に，モニタリング＋コントロール＋予想下位問題を解く際に使うメタ認知使用と読解問題に対する正解率の変化についてH群とL群の差を調べ

た結果を表14に示した。モニタリングH群の方がL群よりも事後のモニタ
リング＋コントロール＋予想下位問題の正解率が高く（$t(23)=3.35, p<.01$），
モニタリング＋コントロール＋予想を必要とする問題が解けていた。

　しかし，モニタリング＋コントロール＋予想下位問題を解くために使
用するコントロールと反省的モニタリングのH群とL群には差がみられな
かった。

表14．モニタリング＋コントロール＋予想下位問題の読解に必要なメタ認知モ
　　　ニタリングの使用について

テスト得点の変化	M	SD	M	SD	t	p
	H群		L群			
事後読解テストメタ認知予想問題得点	1.0	0.0	0.6	0.5	3.35	.004

　この結果から，モニタリング＋コントロール＋予想下位問題を解くため
に生徒は，メタ認知モニタリングを用いていたということであり，本研究
の実験授業によってモニタリングの使用が伸びた可能性のあることを示す
結果であった。しかし，コントロールと反省的モニタリングについては本
研究の実験授業では使用が促されにくかったと考えるのが妥当なのではな
いだろうか。

　次に，読解方略の柔軟方略使用の変化についてH群とL群の差を調べた
結果を表15に示した。柔軟方略使用H群の方がL群より，事前に行ったモ
ニタリング＋コントロール＋予想下位問題の正解率が高く（$t(15.0)=1.90$,
$p<.08$），モニタリング＋コントロール＋予想を必要とする問題をよく解く
ことができていた。一方，作業方略とプランニング方略のH群とL群には
差がみられなかった。しかし，事後のモニタリング＋コントロール＋予想
下位問題の正解率は，柔軟方略の使用が低かったL群の方がH群よりも高
くなっており，読解テストの問題を解く際に用いると考えていた柔軟方略
を使用したことについての意識がH群は低くなっている可能性がある。な
お，作業方略とプランニング方略についてはモニタリング＋コントロール

＋予想下位問題の正解率に差は見られなかった。

表15. 読解方略　柔軟方略についての使用変化

テスト得点の変化	M	SD	M	SD	t	p
	H群		L群			
事前読解テストメタ認知問題の得点	0.5	0.5	0.1	0.4	1.90	.076
事後読解テストメタ認知問題の得点	2.7	1.6	4.0	1.2	1.88	.073
事前事後読解テストメタ認知問題差得点	0.6	1.5	2.1	1.3	2.49	.021
事前事後読解テスト合計得点の差得点	2.3	2.5	4.9	2.3	2.38	.026
事前事後読解方略柔軟方略使用得点差	0.3	0.5	0.7	0.4	2.23	.036

　この結果から，読解方略の使用についてみると，柔軟方略については有意な差がみられ（$t(24)=3.86, p<.001$），本研究の実験授業により事後の柔軟方略使用が高くなっていた。すなわち，柔軟方略は，実験授業によって，より使用するようになったと評価することができる。だが，モニタリング＋メタ認知的知識下位問題を解く際に用いている読解方略であるプランニング方略と作業方略の使用については，意識していなかった方の生徒の得点が高かった。

　モニタリング＋コントロール＋予想下位問題を解く際には，メタ認知モニタリングの使用が高いH群の生徒の得点の方が高いことがわかった。

　事後のモニタリング＋コントロール＋予想下位問題正解率については読解方略の柔軟方略を使用したL群の方がH群よりも高くなっており，読解テストを解く際に使用していると思われる柔軟方略の使用に対する意識が，読解テスト得点の高かった生徒の方が低かったことがわかった。

　モニタリング・コントロール下位問題の読解に必要な読解方略の使用について分析した結果を表16に示した。L群の方がH群よりも柔軟方略を使用した得点（$t(23)=2.65, p<.05$）が高く，読解テストの得点を上げることに関して使用すると考えた柔軟方略を，H群の生徒が意識して使っていな

かった。つまり，読解テストのモニタリング＋コントロールを使う問題を
解く際に得点の高かった生徒は，使用しているはずの柔軟方略について用
いていると意識していなかったということである。裏返して言えば，L群
の生徒たちはこの方略を使っていたことを意識していたことになるのでは
ないだろうか。方略を使っていたと意識した生徒の方の成績が低かったと
いう点については，今後検討していく必要がある。

表16．モニタリング・コントロール下位問題の読解に必要な学習方略の使用について

テスト得点の変化	M	SD	M	SD	t	p
	H群		L群			
事前事後読解方略 柔軟方略使用差得点	0.2	0.5	0.6	0.5	2.64	.014

　メタ認知反省的モニタリングの差得点と読解テスト得点の関係につい
て分析した結果を表17に示した。反省的モニタリングの使用に関してH群
の方がL群よりも事後の読解テスト予想を必要とする問題の正答率が高く
（$t(23)=3.35$，$p<.01$），反省的モニタリングをよく使用していた。
　この結果から，反省的モニタリングを多く使用した生徒は，読解テスト
のメタ認知予想を使う得点が向上していたことがわかった。

表17．メタ認知反省的モニタリングの差得点と読解テストの関係について

テスト得点の変化	M	SD	M	SD	t	p
	H群		L群			
事後読解テストメタ 認知予想問題得点	1.0	0.0	0.6	0.5	3.35	.004

　本研究の実験授業における成果は，モニタリング＋コントロール＋予想
下位問題を解くために必要なメタ認知モニタリングとコントロールの使用
も若干ではあるが高まったことが影響し，メタ認知機能のモニタリングと

コントロールを必要とすると考えられた読解問題の下位問題の得点および合計得点に上昇が見られた。また，反省的モニタリングを多く使用した生徒は，読解テストのメタ認知予想を使う得点が向上したことがわかった。これらのことから，実験授業で行った授業の方法にある程度の指導効果が確認された。

しかし，授業に参加した全ての生徒のメタ認知機能が伸びたとは言い切れない面がある。特に，モニタリングと反省的モニタリングについては使用が促されにくかった。

方略については，授業前に行った読解テストでは，柔軟方略使用H群の方がL群より，モニタリング＋コントロール＋予想下位問題の正解率が高く（$t(15.0)=1.90$, $p<.08$），モニタリング＋コントロール＋予想を必要とする問題をよく解くことができていた。しかし，授業後には柔軟方略をH群の生徒が使っているという意識が減少していた。方略を使っていたと意識した生徒の方の成績が低かったという点，作業方略・プランニング方略は使用している意識が伸びなかった点については，今後検討していく必要がある。

このt検定の結果を受け，重回帰分析を行った結果を以下に示した。

t検定の結果，表18〜表22の結果が得られた。

表18. 従属変数をポストテストのメタ問題得点とした結果

		事前	事後	t	p
学習方略	柔軟の差得点			.528	.007

表19　従属変数をポストテストの合計問題得点とした結果

		事前	事後	t	p
学習方略	柔軟の差得点			.400	.047

表20　従属変数を事前事後テストのメタ問題差得点とした結果

	事前	事後	t	p
学習方略　柔軟の差得点			.454	.023

表21．従属変数を事前事後テストのモニタリング問題差得点とした結果

	事前	事後	t	p
学習方略　作業の差得点			.423	.035

表22　従属変数を事前事後テストの合計差得点とした結果

	事前	事後	t	p
学習方略　柔軟の差得点			.494	.012

　重回帰分析の結果，「学習方略の柔軟方略」が影響しメタ認知の使用が促され，読解テストのモニタリング＋コントロール＋予想下位問題の得点，読解テストの総得点を向上されたことが確認された。

3.3.3　考察

　研究2の指導は，教師1名に対し生徒が7名〜10名という指導人数で実験授業を行った。清川・犬塚（2003）の授業方法である課題遂行役とモニタリング役を交代する代わりに，本研究の授業では，つけたいメタ認知の力に対応した問いを学習ステップや読解テストに設定したこと，教師と生徒の対話を通じ生徒のよさを認めたこと，読解方略の理解とメタ認知の使用を段階的に進めたこと，さらに，学習意欲の持続に配慮したことによって，生徒の読解力向上をめざした。

　本研究の実験授業に参加した生徒の伸びを分析するために，実験授業の前後に行なった読解テストの得点差，実験授業前後のメタ認知・読解方略の使用変化についてt検定を行った。読解テスト得点については有意な変

化が見られ，得点が向上したことが確認された。このことから，本研究の授業方法によって生徒の読解力は伸びたと考えられる。

　メタ認知と問題の関連については，モニタリング＋メタ認知的知識下位問題の得点変化，モニタリング＋コントロール＋予想下位問題の得点変化についても有意な変化が見られたことから，読解テストの際にメタ認知機能を活用して生徒が問題を解答していたことが推察することができた。

　メタ認知機能そのものの変化では，コントロールに有意な傾向が見られ，コントロール機能の高まりを確認することができた。モニタリング及び，反省的モニタリングには有意な変化はみられず，読解テスト得点のみのt検定では，両機能について使用の高まりを確認することができなかった。

　本研究では，阿部（2010）が作成したメタ認知尺度の第2因子である「コントロール」の活動を，三宮（2008）の「課題の困難度を再評価・課題遂行や方略の点検・課題達成の予測と実際のズレを感知する項目や，課題遂行前から課題遂行中の認知活度において，行きつ戻りつしながら課題達成のための計画や方略を修正する活動」と捉え授業を設定した。実験授業によってコントロールの機能に高まりが見られたということから考えると実験授業に参加した生徒は，問題を解く際に三宮（2008）が示した，課題の困難度を再評価・課題遂行や方略の点検・課題達成の予測と実際のズレを感知すること，課題達成のための計画や方略を修正すること等を行っていたと考えることができる。これは，実験授業で行った，自分の知っている言葉に置き換えながら読み取った状況を比較すること（モニタリング・コントロール）や，要約した内容の中の重要な言葉を，自分の知っている言葉に置き換えてみることによって状況を比較すること（モニタリング・コントロール）の練習が活かされた結果であると考えることができる。この段階での生徒自身の知っている事柄との対比や生徒自身の思いの表出が，読解テストの問題を解く際に用いられた可能性があるとコントロールを使用する下位問題の正解率の高まりから推察することができる。

　しかし，阿部（2010）が作成したメタ認知尺度の第1因子「モニタリング」の活動「課題に取り組んでいる「自分」を「もう一人の自分」が客観的に

振り返り，チェックと評価を通して省察的にモニタリングしている」こと
については機能している状態が確認されなかった。この点については，実
験授業の方法は読解テストの問題文等について検証していく必要がある。
以上のように，メタ認知機能のモニタリングとコントロールを必要とする
と考えられた読解テストの下位問題の得点および合計得点に上昇が見られ
たこと，メタ認知機能であるコントロールの使用も高まったことから，本
研究の実験授業はある程度の指導効果が確認された。

　しかし，実験授業によって高まったとされたメタ認知コントロールが果
たした学習時の役割や読解テスト下位問題との関連について，メタ認知機
能であるモニタリングや反省的モニタリングの授業前後の変化，テスト得
点が向上した影響は何であるのかということについてさらに検討する必要
があると考えた。そこで，読解に必要な方略やメタ認知の使用について
さらに詳細に分析するために，読解テストの前後の差得点を下位問題ごと
に求め，それぞれの平均を基に，伸びが大きかった生徒をH群，伸びの低
かった生徒をL群とし（モニタリング＋メタ認知的知識下位問題H群16名，L
群9名；モニタリング・コントロール下位問題H群13名，L群12名；モニタリン
グ＋コントロール＋予想下位問題H群9名，L群16名），メタ認知と学習方略
の使用の変化得点にH群とL群で違いがあるかを検討した。

　まず，モニタリング＋コントロール＋予想下位問題を解くために用いた
メタ認知モニタリング＋コントロール＋予想の使用についてH群とL群の
差を見てみると，H群の方が，L群よりも事後のモニタリング＋コントロー
ル＋予想下位問題正解率が高く（$t(23)=3.35$, $p<.01$），モニタリング＋コ
ントロール＋予想を必要とする問題が多く解けていた。

　これらのことから，読解力診断テストモニタリング＋コントロール＋予
想下位問題を解く際には，H群の生徒の方がメタ認知モニタリング＋コン
トロール＋予想を多く使っていたということになる。何度も申し上げるよ
うであるが，研究授業によるメタ認知機能の変化は，コントロールに有意
な傾向が見られ，コントロール機能の高まりを確認することができた。
モニタリング及び，反省的モニタリングには有意な変化はみられず，テス

ト得点のみの*t*検定では，両機能について使用の高まりを確認することが
できなかった。この点を考慮すると，MPC下位問題を解く際に主として
用いられたと考えられるメタ認知機能は，コントロールであると考えるの
が自然なのではないだろうか。授業前に比べメタ認知コントロールが高く
なったと答えた生徒数は12名であった。一方，変化がないと答えた生徒は
10名であった。短い期間の授業であったが2分の1の生徒がメタ認知コン
トロールの機能が高まったとことを意識したようである。この点からする
と，読解力診断テストの得点向上に，メタ認知コントロールがかかわって
いたという点については間違いないであろう。

　メタ認知のコントロールが高くなったと回答した生徒数は12名いた。そ
のうち，テスト得点の下がった生徒はわずかに1名であった。また，メタ
認知使用尺度のコントロールに変化がないと解答した生徒は10名いたが，
このうち9名の生徒のテスト得点は上昇している。このメタ認知使用尺度
のコントロールに変化がないと解答した生徒については，読解診断テスト
の実施時に，メタ認知コントロールを意識しないで使用していた可能性が
あると考えられる。

　メタ認知使用尺度のコントロールに関して伸びた生徒12名のうち，8名
のテスト得点が特に大きく上昇していた。この結果については，ステップ
3の学習である，段落ごとに理解した内容をキーワードで付箋紙に書き，
並べること，どのようにして筆者が伝えたいことを説明しようとしている
か考えること，作者の説明の仕方と生徒が文を書く時の説明の仕方を比べ
てみること，作者がどのように作品の主張をしたか整理してみること，文
の前後の関係を整理すること，文章の構造を考え，作者・筆者の論じ方を
理解すること，作品が主張することから作者・著者・登場人物の人間性
を考えてみること等の学習効果によって，作品を読み取る力が高まったと
推察した。このテスト得点を大きく伸ばした生徒の読解テスト問題用紙に
は，問題文を読む際に引いたと思われる重要項目に対する線が多く残って
いた。客観的に文章を読んでいこうとする態度は，文章に書かれた内容を
理解できたと感じたところでも，もう一度正しく理解することができてい

るかを確認することや，何か失敗をしたときには，同じ失敗を繰り返さないように，その原因を考えるようにする事であり，メタ認知の機能である反省的モニタリングとつながる。このメタ認知の主体的な使用は，実験授業で取り組んだ生徒同士による自主的な話し合いの中で，相手と自分を客観的に見つめる学習を進めたことによって使用することが可能になった学びの効果であると考えた。

　メタ認知コントロールの測定に用いた生徒への質問内容は次のようなものである。たくさんの練習を必要とするものに挑戦するときには，自分の目標となるイメージを作り，それに近づけるように練習している。始めは成績が伸びていても，途中で伸びなくなったときには，これまでとは違う学習の方法を考えてみる。テスト勉強をするときには，学習を始める前に，どこまで学習するかの目標を立ててから学習を始める。掃除や料理を作るときに，次の段取りを意識しながら掃除したり，調理したりすることができる。

　これらの内容は，学習や行動に対する「段取りや構え」をどのようにつくるか，ということを意味する内容であると思われる。この読解の学習に用いている段取りを，読解テストの問題を解く際に意識して使う生徒とそうでない生徒がいることが示唆された。

　次に，モニタリング＋メタ認知的知識下位問題を解くために用いたメタ認知モニタリングとメタ認知的知識について述べる。3種類の下位問題の中で，読解テスト得点が最もよく伸びた下位問題がモニタリング＋メタ認知的知識下位問題であった。つまり，問題を解く際に使用したメタ認知機能で最もよく使われたと考えるのが，モニタリングとメタ認知的知識のはずである。しかし，t検定の結果，研究授業前後のモニタリングと反省的モニタリングの使用に有意差がなく，実験授業によるモニタリングと反省的モニタリングの伸びは確認することができなかった。授業前に比べメタ認知モニタリングが高くなったと答えた生徒数は8名であった。一方，変化がないと答えた生徒は12名であった。この高くなったと答えた生徒8名のうち5名が，モニタリング＋メタ認知的知識下位問題の差得点において

高い伸びを示している。しかし，モニタリング＋メタ認知的知識下位問題のH群13名の中で8名がメタ認知モニタリングの使用得点が下がっていることを考えると，メタ認知モニタリングを使用していないと考えた生徒の得点の方がよく伸びたと考えるのが自然である。

　メタ認知モニタリングの測定に用いた生徒への質問内容は，学校の授業中，自分のわかっているところとそうでないところの区別がつく。問題を解いていて，その問題が難しいと感じたときに，なぜ難しく感じるのか理由がわかる。試験問題を読んだとき，簡単な問題と難しい問題の区別をつけることができる。以上の内容であった。これらは，問題の難易度を「推し量る」ことを意味するものであると思われる。読解テストの得点が高かった生徒は，モニタリングを使っているという意識が低い群であったことを考えると，読解力を診断するような問題を解く際には，問題文に集中する必要があり，わからないことを意識し過ぎないようにすることが正解に結びついていくと考えるべきであろう。

　授業前に比べメタ認知である反省的モニタリングが高くなったと答えた生徒数は8名であった。一方，変化がないと答えた生徒は12名であった。この生徒たちのモニタリング＋コントロール＋予想下位問題を解く際に用いた反省的モニタリングとテスト結果の関係についてみると，得点の高かったのはH群の方であった。つまり，反省的モニタリングを使って読解テストに望むことが，読解テスト得点の向上につながると考えることができる。この反省的モニタリングについての尺度測定に用いた生徒への質問内容は，「教科書を使って学習する内容は，理解できたと感じたところでも，もう一度正しくできているか確認する。何か失敗をしたときには，同じ失敗を繰り返さないように，その原因を考えるようにしている。」である。

　これらの内容は，問題を解く際に，自分自身の解答に対して客観的に正誤を判断し確かめる行為であると思われる。H群の方が読解テスト得点の高かったことから，読解力を診断する問題を解く際には問題に対し難しいという先入観を持たず，客観的に解答の「正誤を確認」することが正解に結びついていく可能性のあることが示された。

　この正誤の確認をすることは，実験授業で指導した，書いてあることについてわかることとわからないこととの区別すること，文章タイトルと文中の主語を関連づけること，文章内の重要なことばを見つけること，文章の骨子を見つけ出すことと同じ内容であると考える。本研究の実験授業の中でこの答えを確かめる行為は，要約した内容について説明をする際に何度も生徒に質問した事柄と一致する。これらのことから，生徒は問いを読み，答えを見つけ，それを確認するという学習の一連の流れを理解することができるようになったのではないだろうか。反省的モニタリングの使用が高くなった生徒8名のうち，テスト得点の伸びなかった生徒は全くいなかった。この中で特に大きくテスト得点を伸ばした生徒は4名であった。この4名については，何か失敗をしたときには同じ失敗を繰り返さないように，その原因を考えること，教科書を使って学習する内容は，理解できたと感じたところでも，もう一度正しくできているか確認することを巧みに用い，失敗をしないことを意識した学習を進めることができるようになったと考える。

　以上のことから，学習の段取りを意識して読解テストに臨むこと（メタ認知コントロール）と自分の答えの正誤を客観的に確認すること（反省的モニタリング）は読解テスト得点の向上に結びつく可能性があるが，問題に対する難易度を強く意識して読解テストに臨む（メタ認知モニタリング）と，読解テストの得点の向上に結びつきにくい可能性のあることが示された。

　次に，学習方略の使用について述べる。授業前に行った読解テストでは，柔軟方略使用H群の方がL群よりモニタリング＋コントロール＋予想下位問題の正解率が高く（$t(15.0)=1.90$, $p<.08$），モニタリング＋コントロール＋予想を必要とする問題をよく解くとができていた。しかし，授業後には柔軟方略をH群の生徒が使わなくなっていた。方略を使っていたと意識した生徒の方の成績が低かったという点，作業方略・プランニング方略は使用が伸びなかった点について考察する。

　研究1を行った際に，方略と読解の内容を教えることにこだわりすぎてしまい，生徒は読み取った内容の正誤に対するこだわりが強くなってし

まったように感じた。そこで，研究２の実験授業では，一語一語の語彙に目を向けて読解をすることよりも，少し言葉の意味がわからないところがあっても気にし過ぎないようにし，読解方略を使って文章から感じたことを素直に表現することに実験授業の重点を置いた。この生徒の思いを生かした学習こそがメタ認知の無意識的な使用につながり，読解テストの得点向上につながる要因になったと考えた。

　学習方略の使用については，柔軟方略と作業方略の使用に高い傾向を示す生徒が13名いた。そのうちの12名が事前読解テストのモニタリング・コントロール下位問題の得点が高かった。しかし，この中の生徒のうち，事後にはこの方略を使用しなかったと答える生徒が増えた。この柔軟方略の使用を確認する尺度の質問内容は，「勉強しているとき，自分がわからないところはどこか見つけようとする。勉強していてわからないときには，やる順番を考える。勉強するときには，その日の用事を考えて勉強のやり方を変える。勉強する前に，これから何を勉強しなければならないかについて考える。勉強しているときに，やった内容を覚えているかどうかたしかめる。勉強していてわからないところがあったら，勉強のやり方を色々変えてみる。勉強をするときには，これからどんな内容をするのかを考えてから始める。勉強のやり方が自分に合っているかどうかを考えながら勉強する。」である。これは，メタ認知使用尺度コントロールの活動内容として結論付けた「段取り」と内容が一致する。

　メタ認知コントロールを高めるための学習として行った「段取り」の学習は，ステップ２の，主張や心情の変化の部分を見つけながら，筆者の主張部分の中で重要な言葉を生徒の知っている言葉に変えて説明する学習や，要約した内容について教師に説明する学習を主に行う学習という，目標を意識する学習と同じであり，読解方略である柔軟方略と内容が重なる。だからこそ，さらに，大きく得点を伸ばした生徒は，自分の知っている言葉に置き換えながら読み取った状況を比較すること（モニタリング・コントロール）や，要約した内容の中の重要な言葉を，自分の知っている言葉に置き換えてみることによって状況を比較すること（モニタリング・

コントロール）の学習をする力を使っているものと思われたが，無意識に
使用していることが推察できるために，メタ認知の使用得点が伸びなかっ
たのではないだろうか。

　山口（2012）は，「方略使用を有効だと認知しても，使うのが難しいと
いうコスト感が強いとその方略は使用しない」としている。このことから
推察すると，本研究では，得点からみると方略を使用したと考えられるH
群で，使うのが難しいというコスト感が高くなり，評価が低くなった可能
性もある。これは，ステップ2の活動が，自分の知っている事柄との対比
や思いの表出が，高校入試国語科の問題を解く際に用いられる無意識的な
メタ認知の機能を使用するものとして影響するものであるとも思われる。

　これら，メタ認知モニタリングとコントロールの無意識的な高まりが，
読解方略使用尺度の柔軟に関連し，事後読解テスト合計得点の伸びや，学
習方略の作業・柔軟の使用につながっていったのではないだろうか。

　そこで，実験授業の目的と指導方法に焦点をあてることで，この問題の
解決の糸口を探った。

　文章の骨子について述べることができるようになってきた生徒へは，説
明文のタイトルに関連する文の「主語と述語」の関係に気を配りながら一
人で読み進めることができるように授業を設定した。このことで，事実と
情景・状況の説明が書いてある文，作者や登場人物の主張が書いてある文，
作者や登場人物の思いが書いてある文の区別をつけながら説明文を生徒が
読み，読解に用いる学習方略の自主的な使用が促され，一人で文章の要約
をすることができるようになっていった。この学習方略の自主的な使用に
よって，読解テストのメタ認知モニタリングを使って解答すると思われる
問題の正解率が上がり，学習方略使用尺度作業の使用が高まったと考えら
れる。

　このことから，読解方略尺度の作業・柔軟はメタ認知使用尺度のモニタ
リング・コントロールと循環的に作用し合いながら機能が高まっていくこ
とが推察される。つまり，メタ認知を使う学習をしていくことで読解力が
向上し，学力が伸びる。さらに，読解テスト問題の正解率が上昇するこ

とを知ることで生徒の学習意欲が向上し，学習方略柔軟の使用も促進される。そのことによって，さらに読解力が高まっていくということになる。

　次に，学習方略である「柔軟方略」の使用が高まったことについて述べる。この方略の使用を確認するために用いた尺度の質問の内容は，「勉強しているとき，自分がわからないところはどこか見つけようとすること。勉強していてわからないときには，やる順番を考えること。勉強するときには，その日の用事を考えて勉強のやり方を変えること。勉強する前に，これから何を勉強しなければならないかについて考えること。勉強しているときに，やった内容を覚えているかどうかたしかめること。勉強していてわからないところがあったら，勉強のやり方を色々変えてみること。勉強をするときには，これからどんな内容をするのかを考えてから始めること。勉強のやり方が自分に合っているかどうかを考えながら勉強すること。」であった。これらは，学習内容を理解することができないときに行う工夫であり，本研究の実験授業によってそのような工夫を学ぶことができたと生徒が考えたからこそ，問題が分からないときの対応の仕方，学習をする際の方法の工夫に関する力を伸ばすことができたと考える。

第4章
総合考察：「学習の目的を
意識しながら学ぶこと」を中心に

　本研究は，三宮（2008）の「教育現場においては，学ぶ力すなわち学習力を考えるとき，メタ認知こそが，この学習力を支えてくれる」という学力観を基にして，子どもたちのメタ認知を育んでいくための学習指導の在り方について検討することからスタートした。

　清川・犬塚（2003）は，説明文を要約する協同学習場面を設定し，読解のパフォーマンスを向上させるための授業を行っている。ここでは，読み取りに用いるメタ認知機能を「対象レベル」と「メタレベル」に分け，読解の学習中に一人で行われる内的な活動を生徒が直接確認することができるように，課題に直接関わる「対象レベル」の活動と，その活動を評価・吟味する「メタレベル」の活動として両活動を外化させ生徒に認識することができるようにした。

　本研究は，この授業で用いられた手法である「内的な活動を外化すること」，「読解に必要な知識や活動をモニターすることでメタ認知機能である「対象レベル」と「メタレベル」の活動を行うことができるようにすること」を生かし，子どもたちの読解力を向上させる方法について検討を加えた。

　学校現場においては様々な特性や学習内容理解の程度をもった子どもたちが学んでいる。その点を加味した上で，三宮（2008）のメタ認知的モニタリングとメタ認知的コントロールの関係が循環的に機能し，メタ認知獲得のためのステップや読解法略指導の手だても循環的，段階的に成長することができるように工夫した。

　研究1では，McNamara et al.（2007）の考案した，文章理解における読み手のメタ認知的な活動を重視した包括的な理論モデルを基にして，メタ

認知機能の未発達な児童生徒が読解時に使用していると仮定される，文章理解におけるメタ認知活動獲得をするための段階性を重視した新たな読解方略使用モデルを作成した。また，読解方略の理解が段階的に進んでいくと仮定して，学習意欲を喚起するための肯定的な評価を取り入れた学習指導要領国語科の示す内容を指導する国語科の授業を行った。

　メタ認知獲得についても段階性を考慮し，5つのステップを設定した。それは，1読解方略を知り，教師と生徒でビデオを使ってモニタリングをする段階，2読解方略を理解し，モニタリングを生徒同士のペアで行い，ビデオを使って方略の内化を行う段階，3読解方略を生徒自ら使用し，モニタリングを生徒1人でビデオを見て行う段階，4読解方略を生徒自ら使用し，モニタリングを教師と生徒で学習ガイドを使って行う段階，5読解方略を使って読み深め，モニタリングを生徒自らが学習ガイドを使って行う段階，である。このステップで教師の指導の助けとなるものが，学習ガイドとビデオカメラであった。この学習ガイドとビデオカメラを用いた指導は，生徒が自分の行動を客観的に観察することができるものとなり，生徒同士による学び合いによっても方略の理解が進む結果となった。

　学習指導を行う際に，指導の手だてを具体的，且つ，明確に示すことが生徒に学習内容がわかりやすく伝える授業として重要なことである。そのため，「学習のステップと学習の内容」と「学習時に教師が用いる読解方略使用と内化の為の発問及び児童生徒の反応」を作成した効果は，メタ認知の使用と読解方略の使用場面をより具体的に授業者が意識することにつながった。

　研究1の指導効果を測定するために行った対応のあるt検定の結果，読解テスト得点，メタ認知のモニタリング得点，コントロール得点，反省的モニタリング得点のいずれにも有意な変化はみられなかったが，読解方略の作業方略は有意に高くなっていた（$t(5)=2.64$，$p<.05$）。また，柔軟的方略$t(5)=2.03$，$p<.10$）とプランニング方略（$t(5)=2.32$，$p<.10$）は高くなる傾向がみられた。長時間に渡って要約文を書く学習は，読解方略の使用につながり，要約することに慣れてくるという点で一定の成果があった。

　しかし，常に同じような訓練的な学習ばかりを続けていると，目標を持ちにくい生徒の学習意欲は低下の一途をたどることになる。

　実験授業の改善策として，１単元あたりの学習時間を短縮すること及び教材内容を充実すること，２教材文を適切にすること，３評価テストの診断基準と指導内容を一致すること，４授業内のどこで何を指導するかを明確にして授業を実施すること，５集団指導と個別指導をつなぐための指導方法を工夫することを取り入れて研究を進めることにした。

　加えて，高等学校入学試験国語科の文章理解の問題を解くために用いるメタ認知機能は，モニタリング＋メタ認知的知識機能，モニタリング＋コントロール＋予想機能，モニタリング・コントロール機能の３機能であることを明らかにした結果，この機能に対応した評価問題と指導に用いる教材及び読解方略指導の方法を関係付けることに成功した。この成果を取り入れて学習のステップを３段階に変更した。その段階とは，ステップ１言葉の知識を活用する段階　ステップ２自分の知識や経験，思いと比べながら読む段階　ステップ３作者・著者の論じ方から学ぶ段階である。

　研究２では，この３段階の学習ステップを用い，広島県内の中学１年生８名・中学２年生７名・中学３年生10名，合計25名を授業の対象とし，説明文教材　茂木健一郎著「感情」を用いて授業を行った。学習の手続きとしては，授業時間を全４単位時間で設定した。１回分の授業時間数は１単位時間を45分間として２単位時間，これを２回分指導した。

　指導の後，授業に参加した生徒の80％にテスト得点の上昇が見られ，生徒１人当たりの上昇平均得点も３点を超えた。読解力診断テストについてみると，事後の得点が有意に高く（$t(24)=5.64$, $p<.001$），実験授業の効果がみられた。そこで，解答に必要と考えられる方略やメタ認知の種類で分類した下位問題ごとの得点についても，前後の変化を検定した。その結果，モニタリング＋メタ認知的知識下位問題（$t(24)=3.16$, $p<.01$），モニタリング・コントロール問題（$t(24)=6.10$, $p<.001$），モニタリング＋コントロール＋予想下位問題（$t(24)=2.87$, $p<.01$）のいずれでも，事後の得点が高く，実験授業の効果があることが明らかになった。これは，本研究が清川・犬

塚（2003）の結果と一致するものである。

　次に，読解方略使用についてみると，柔軟方略で有意な差がみられ（$t(24)$ =3.86, $p<.001$)，事後の柔軟方略使用が高くなっていた。すなわち，柔軟方略は，実験授業によって，より使用するようになったと評価されていた。しかし，計画方略，作業方略ではこのような差はみられなかった。また，メタ認知についてみると，コントロールで事後の方が高い傾向がみられ（$t(24)=1.81, p<.08$)，実験授業によって，よりコントロールできるようになった評価する傾向にあった。しかし，モニタリング，反省的モニタリングでは，このような差はみられなかった。

　そこで，読解診断テストの前後の差得点を下位問題ごとに求め，それぞれの平均を基に，伸びが大きかった生徒をH群，伸びの低かった生徒をL群とし（モニタリング＋メタ認知的知識下位問題H群16名，L群9名：モニタリング・コントロール下位問題H群13名，L群12名：モニタリング＋コントロール＋予想下位問題H群9名，L群16名），メタ認知と学習方略の使用の変化得点にH群とL群で違いがあるかを検討した結果から，次のようなことが推察された。

　モニタリング＋メタ認知的知識下位問題を解くことに用いたコントロールは文章を読む際の「段取り」とつながっていた。その力を伸ばすために必要であると考えられる学習が，ステップ1の学習であり，これによって言葉の知識を活用する力が伸びていくことが推察することができる。

　モニタリング・コントロール下位問題を解くことに用いたモニタリングは文章を読む際の「推し量り」とつながっていた。その力を伸ばすために必要であると考えられる学習が，ステップ2の学習であり，これによって自分の知識や経験と比べながら読む力が伸びていくと推察することができる。

　モニタリング＋コントロール＋予想下位問題を解くことに用いた反省的モニタリングは文章を読む際の「正誤の確認」とつながっていた。その力を伸ばすために必要であると考えられる学習が，ステップ3の学習であり，これによって作者・著者の論じ方から学ぶ力が伸びていくものと推察する

ことができる。

　以上のことから，授業で用いた手法である内的な活動を外化すること，読解に必要な知識や活動をモニターする機能である「対象レベル」と「メタレベル」の活動を行うことができるようにする指導を3段階で行うこと，付けたいメタ認知の力に対応した教材や指導法を設定すること，生徒自身の知識や経験と文章を比較することから考えたことを言葉にし，それを指導者が肯定的に評価する指導によって，メタ認知コントロール，メタ認知モニタリングを無意識に使用することができるようになった生徒は，読解診断テストの得点が向上することがわかった。また，メタ認知の反省的モニタリングを意識的に使用することができるようになった生徒は，読解テストのメタ認知問題とモニタリング問題の正解率が上がり，テスト得点が向上する他，学習方略尺度柔軟の使用が高くなることがわかった。

　これらの研究結果から，メタ認知機能を使用する学習を説明文読解で段階的に指導することによって，メタ認知の一部が活性化され，それを無意識的に使うことのできるようになった生徒は，読解テストのメタ認知を使用する問題とモニタリング使用問題の正解率が向上すると考えることができる。

　この学習により生徒は，学習後に，文の要点について注目できるようになり，作者の主張を的確に捉えることができるようになった。また，これまで書くことができなかった要約文を作成することができるようになった。以上のことから推察すると，文章を読むことに必要と思われる，メタ認知モニタリング＋メタ認知的知識，メタ認知モニタリング＋メタ認知コントロール＋メタ認知予想，メタ認知モニタリング・メタ認知コントロールの使用を高めるために，言葉の知識を活用する力を読みの「段取り」として用い，自分の知識や経験と比べる力を読みの「推し量り」として用い，作者・著者の論じ方から学ぶ力を読みの「正誤確認」として用いることによって生徒の「読解力が向上する」と結論付けた。つまり，読解力を高める指導には，この段階を踏んでいくことが重要であり，このサイクルこそがMcNamara et al.（2007）の考案した読解方略使用モデルと重ねること

ができると結論付けた。

　しかし，授業時間に身につけることができたと思われるメタ認知と読解方略は，読解テストの問題を解いている際に使用しているものと一致するかどうかの判断をすることが難しい結果であった。また，読解テストの得点についても，授業に参加した生徒25名中，２名の生徒に得点の変化がなく３名の生徒の得点は僅かではあるが下降した。これは，読む文章に対する興味が湧いてこなかったことが日ごろ読んでいる文章の内容から想像することができた。日ごろから多くの種類の文章に接することが大切であることは当然のことであるが，学習時間に内容の偏った教材を使用することは生徒の学力に影響することが推察できる。

　また，実験に参加した生徒は思春期の子どもたちであり，その行動が様々な周囲の環境から影響を大きく受けてしまう可能性が考えられる。しかし，その要因を取り除いて実験授業をすることは不可能なことである。私たち大人にとって目に見える生徒の行動の様子と，心の中の思いの真意については，生徒が実際にとった行動とは異なっている可能性がある。この思春期の子どもの授業を考える際には，生徒の内面についての測定方法を考えていく必要があるのではないだろうか。

　メタ認知機能のモニタリング得点に関しては，平均得点が僅かに上昇したものの，t検定で有意の判定にはならなかったことについても考えてみた。

　モニタリングの使用が高まってきたことを生徒が意識し，学習に用いていると意識できるようになるのはどのような条件が揃った時なのであろうか。それは，テスト得点の伸びを生徒が直接知ることであろう。しかし今回の実験授業では，生徒の学習意欲の持続という面で，授業期間を短くし，効率的に指導を行った。そのため，学習時間や読解テストを行う時間等を考慮すると，授業の期間内に読解テストの結果を知らせ間違った問題を訂正する時間の確保ができなかった。このために，生徒が自分自身の力が伸びたことを判断する材料が少なく，メタ認知の使用得点の下降につながった可能性もある。

　これから学校現場において本研究で行った子どもたちの読解力を伸ばす指導を実践するためには，学習時に使ったメタ認知と学習方略が，読解力診断テストの文章問題を解くために用いるメタ認知機能と同じものを使って解答するものであるかどうか検証していく必要がある。それができれば，本研究で作成した文章問題の7パターンを学校現場で利用し，その効果試すことができるはずである。

　自分の学ぶ力を知り，それを学習する際に利用するというメタ認知を使用した学習方法の効果は多くの研究者によって支持されている。メタ認知を高めることの経験を全くしない状態のまま成人するのではなく，子どもの間から日常生活の中で体験的に高めていくことが重要であると考える。小・中学校の段階では，学習時間に生徒の持つ知識と教師の設定した問いが交流するような発問を投げかければ，児童生徒の日常生活と学習体験を交流させた学習活動が生まれる。また，日常生活の中にある学習と関連する問題を生徒に教師が投げかけるようにすれば，学習活動は学習指導要領に準拠していることから，学校で学んでいるうちにメタ認知の使用が高まっていくことが期待できるものとなる。

　例えば，適切な接続詞を選ぶことができる場面を設定することは，生活の中の出来事をまとまりで見ていく力を育てることにつながる。教師は毎日，黒板に文字を書いていることから，それを生かした学習を行うことは多くの労力を必要としない。文中の言葉を使った作者の意図を探る場面を設定するには，作文指導等が使えそうである。学校現場では子どもたちに多くの書く活動が設定されている。教師はその際に子どもの書いた文章を訂正し，子どもがそれを受け入れて文章を書き直すことで，文章を書く指導をしたように感じることが多い。しかし，子どもたちに文中でその言葉を用いた意図を聞き，その思いを広げる形で作文指導をすることもよいのではないだろうか。作者の説明の仕方に合致する言葉を探ることができる場面を設定すること，文中に使われる言葉と関連する事柄を結ぶ場面を設定すること，文の内容を言い換える為に使う言葉を選択することについても，高学年の国語科の学習で行わなければならないであろう。しかし，こ

のような指導が子どもにとって教師から与えられた学習と感じてしまうことの多い教科の指導場面だけでは，不十分であると考えている。特設の学習時間を設定し学力状況調査の練習問題をすることや話型の指導を行うこともひとつの指導という形ではあるが，その際に，文章を読んで作者の語り方を理解する活動等を設定してはどうだろうか。文に書かれた事実と根拠を区別した上で作者の論じ方について文の構成等を検討して読み深めることや，作者の主張を要約することができる場面を設定することは，全教科の教科書だけでなく，あらゆる文章を読む場面に設定することができる。単に文字を追う読み方から，メタ認知を機能させた学習に転じていくことが生徒の学力を向上することにつながっていくように思われる。

　次に，学習のステップとして設定した3段階の学習スタイルの学校現場における利用についての効果を検討した。ステップ1言葉の知識を活用する段階，ステップ2自分の知識や経験，思いと比べながら読む段階　ステップ，3作者・著者の論じ方から学ぶ段階，を様々な教科の学習に転用することである。

　学校で指導される知識に関する多くは，教科書内で学習内容を説明する文章として記されている。つまり，それを読んで理解し，記憶することができれば，知識を蓄えたことになる。また，書店等で販売される学習内容に関する書籍を読むことで，その知識を広げていくこともできる。つまり，書籍に書かれた内容を理解していくことが，学力を高める活動の一翼を担うのである。これが，読解の方法を身につけていくことの重要な意義であり，それを各学年で段階的に進めていくようにすれば，子どもたちの知識の量を増やしていくことができるのではないだろうか。

　この学び方は，説明文の内容を理解することだけにとどまらない。例えば，文学作品を読んで理解を深めていくことによって，人の生き方に触れ，それを生きる糧とすることもできる。そのように考えると，本研究の成果は，学校に通っている時期だけに使うものではなく，生涯に渡って使うことのできる学習方法になるのではないかと考えている。

　ただし，文章を読むためには，それに関する知識等も必要になってくる

ことから，その知識を得る方法等についても今後検討していく必要がある
ものと思われる。しかし，本研究は，生きる力を高める可能性のある指導
として，読解方略の理解とメタ認知機能の向上を合わせて行った。この学
習指導は，生涯学習時代における学習方略を学ぶ学習として教育的に価値
のあるものになるはずである。

参考文献

阿部真美子，井田政則『成人用メタ認知尺度作成の試み』「立正大学心理学研究年報（創刊）」，23-34，2010-03-31

秋田喜代美（2008）「文章理解におけるメタ認知」，三宮真智子編者『メタ認知学習力を支える高次認知機能』，北大路書房

August, D. L., Flavell, J .H., & Clift, R. (1984). Comparison of comprehension monitoring of skilled and less skilled readers. Reading Research Quarterly, 20, 39-53.

Flavell, J. H. (1971). First discussant's coモニタリング＋メタ認知的知識ents : What is memory development the development of ? Human Development, 14, 272-278. Flavell, J. H. (1979).

池田賢司，北神慎司，「メタ理解の正確さへのワーキングメモリと文章の連接性の影響」『日本認知心理学会発表論文集『』2012（0），87，2012

犬塚美輪（2002），「説明文における読解方略の構造」『教育心理学研究』，2002，50，152-163

Kinnunen, R., Vauras, M., & Niemi, P. (1998). Comprehension monitoring in beginning readers. Scientific Studies of Reading, 2 ,353-375

清川幸子，犬塚美輪，「相互説明による読解の個別学習指導」『教育心理学研究』2003，51，218-229

Kreutzer, M. A . Leonard, S . C., & Flavell, J.H. (1975). An interview study of children's knowledge about memory. Monographs of the society for Research in Child Development, 40.

Metacognition and cognitive monitoring: A new area of cognitive-developmental inquiry. *American Psychologist*, 34, 906-911.

峰本義明，「メタ認知の観点を踏まえて，読解方略の適切な選択を意識させる授業」『国語論集』，2014-03，11，154-159

McNamara, D.S., Ozuru, Y., Best, R., & O'Reilly, T. (2007) The 4-pronged comprehension strategy framework. In D.S. McNamara (Ed.), Reading comprehension strategies: Theories, interventions, and technologies. New York: Lawrence Erlbaum, pp.465-496.

McNamara, D.S., Ozuru, Y., Best, R., & O' Reilly T. (2007) (4-prongedframewr) McNamara, D. S., Ozuru, Y., Best, R., & O' Reilly, T. (2007). The 4-pronged comprehension strategy framework. InD.S.

NcNamara (Ed.), Readingcomprehensionstrategies: Theories, Interventions, and Technologies (pp.465-491). NewYork: Lawrence Erlbaum Associate

Okamoto, M., & Kitao, N. (1992). The role of metacogunitive knowledge and aptitude in arithmetic problem solving. Psychologia, 35,164-172.

岡本真彦,「教科学習におけるメタ認知」『教育心理学研究』2012, 51, 131-142

Palincsar, A. S., & Brown, A. L.1984 kakko Reciprocal teaching of comprehension fostering and comprehension monitoring activities. Cognition and Instruction, 1, 117-175.

三宮真智子,『メタ認知　学習力を支える高次認知機能』北大路書房, 1巻, 2008, pp.7-16

岡本真彦, 北尾倫彦（1991）「教授過程714　算数図形問題の解決におけるメタ認知の研究」日本教育心理学会総会発表論文集33(0), 565-566

佐藤純・新井邦二郎（1998）学習方略の使用と達成目標及び原因帰属との関係　筑波大学心理学研究, 20, 115-124.

Schraw, G. & Moshman, D., (1995). Metacognitive theories. *Educational Psychology Review*, 7, 351-371.

Swanson, H. L. (1990). Influence of metacognitive knowledge and aptitude on problem solving. Lournal of Educational Psychology, 82,306-314

舘岡洋子, 柏崎秀子, 小林由子, 臼杵美由紀, 森敏昭, 楠見孝（2001）「日本語教育と教育心理学の接点　2―メタ認知を高め自立学習を促すために―」『日本教育心理学会総会発表論文集』(43), S40-S41,

辰野千壽（1997）『学習方略の心理学―賢い学習者の育て方―』, 図書文化社

田近洵一（2014）『創造の読み』東洋館出版, 2014, pp15-27, 77-124

山口剛（2012）高校生の英単語学習方略使用と認知的・動機づけ要因の関係－有効性の認知の効果に注目したテストの予想得点における個人差の検討－教育心理学研究, 60, 380-391.

吉野巌, 懸田孝一, 宮崎拓弥, 浅村亮彦（2008）「成人を対象とする新しいメタ認知尺度の開発」北海道教育大学紀要, 59(1), 265-274.

おわりに

　本著は，2016年広島大学提出の修士論文が基となっており，一部改変して刊行した。教室にいる全ての子どもの力を伸ばす指導法を追い求め教師となった日から，早いもので30年が経とうとしている。一定期間で高い学力を身につけることの難しい児童・生徒を学校という社会で包み，育もうとする行動は，一部の人たちの間で減少する傾向が高まってきたと感じることがある。私は，そのような境遇にある子どもたちの未来を希望あるものにするための指導法について研究したいと考え，広島大学大学院教育学研究科　学習科学専攻　学習開発基礎専修の門をたたいた。私が学んだコースは，教育学と心理学の両輪を研究の駆動力に据え，教育に関する様々な問題の解決と研究に取り組んでいるところである。その中の心理学系ゼミである井上研究室に所属することとなった。

　読解力を身につけることこそが学力を高めるための基本であると捉え，井上　弥教授のご指導の下，McNamara et al.（2007）が作成した読解方略使用モデルを改変し，メタ認知機能の未発達な児童生徒が読解時に使用すると思われる文章理解におけるメタ認知獲得の段階性を重視した包括的な理論モデルを作成した。これに基づいて児童生徒の読解力の向上と読解方略の理解を促進する学習指導を段階的行っていく指導の在り方について模索した。

　この指導により，授業に参加した生徒の80％にテスト得点の上昇が見られ，実験授業の前後に行った読解テスト，メタ認知・学習方略の使用について対応のあるt検定を行った結果，テスト得点の変化が有意に変化し，生徒一人一人の読解力が向上した。また，テスト問題を解く際に使用していると考えることのできる，モニタリング＋メタ認知的知識，モニタリング＋コントロール＋予想の獲得についても有意な変化が見られ，授業によって問題を解く際のメタ認知使用が高まったことが推察された。

　この学習指導によって培った説明文を読み解くための読解方略とメタ認

知を使用する力を，他の種類の文章読解や他教科の学習に転用することはできないものだろうかと考えている。また，企業や社会福祉事業者，児童福祉施設等とも連携し，児童養護施設等で生活している子どもやニューカマーの子どもに対して，この授業を行っていくことで子どもたちの学力を高めることができれば，持続可能な教育のあるべき姿として社会に貢献することも可能なのではないだろうか。

このような思いの実現に向けて，厳しくも温かくご指導くださった広島大学大学院教育学研究科学習科学専攻学習開発基礎専修　講座主任　井上弥教授に感謝の意をささげる。また，随時適切なアドバイスをいただいた広島大学大学院教育学研究科学習科学専攻　児玉真樹子先生・米沢崇先生に感謝申し上げる。さらに，日ごろの学習を支える教育学・心理学についての授業の中で温かくご指導くださった広島大学大学院教授　難波博孝先生をはじめ学習開発基礎専修の授業担当の先生方に感謝の意をささげる。

　現在博士課程後期においては，大村はまの作文教育に関する著書や学習記録，先行研究等の文献を中心に熟考することで，大村はまの作文教育における指導観・指導方法の在り方について研究している。

　本著での成果と大村はま実践の分析を通じて得た知見を学校現場で行われている指導を連動させることで，現代にマッチした小学校から中学校までの「書くこと」の教育課程構築を図ること，さらには，これを用いて虐待を受けた子どもたちのことばの教育に関する教育課程の構築へとつなげていくことができればと考えている。

【著者】

片岡　実（かたおか　みのる）

略歴
　広島県に生まれる。
　四国学院大学教育学科遺伝育種学専攻卒業後，公立小学校，公立特別支援学校教諭となる。
　小学校に在職中，広島大学大学院学習開発基礎専修終了。
　修士論文「メタ認知活動を利用した学習指導の効果－読解指導を中心として－」を執筆する。
　本書はこの論文を基に執筆したものである。
　現在，広島大学大学院博士課程後期にて，大村はまの単元学習を中心とする作文教育の研究に邁進する。

主要論文
「メタ認知活動と学習指導の関係性」『日本教育心理学会要旨集』．日本教育心理学会7, P282, 2015-09
「大村はま諏訪高女時代のコメント分析」第134回全国大学国語教育学会．2018-05
「大村はま作文教育の研究「作文の基礎力を養うための学習」一覧表の考察」第135回全国大学国語教育学会．2018-10
「大村はま諏訪高女時代における綴り方コメントの分析：綴り方の基底にある言葉の意識」国語教育思想研究(16), 1-16, 2018-05-01
「大村はま作文教育の研究「作文の基礎力を養うための学習」一覧表の考察」国語教育思想研究(18), 1-22, 2019-05-01

メタ認知と読解方略

令和2年4月3日　発行

著　者　片岡　実
発行所　株式会社溪水社
　　　　広島市中区小町1-4（〒730-0041）
　　　　電話082-246-7909　FAX082-246-7876
　　　　e-mail: info@keisui.co.jp
　　　　URL: www.keisui.co.jp

ISBN978-4-86327-514-0　C3081